やる気ゼロでも 灘→東大理III

他力本願勉強法

ベテランち 著

JN039643

KADOKAWA

はじめに

みなさんはじめまして。この本の著者、ベテランちです。

大学受験について語るYouTubeチャンネル「ベテランち」を運営しています。


現在24歳、東京大学理科Ⅲ類医学部医学科の4年生です。1浪2留しています。

1回目の留年は、ドイツ語の授業をサボって単位を落とし留年しました。

2回目の留年は、サボって実習に行かなかったり、サボってテストに行かなかったりしていたら、単位を落として留年しました。


そうです。僕は、怠惰です。


怠惰なのは、受験生時代もそうでした。

ある日の僕の行動スケジュールはこんな感じです。

● 午前4時：寝る（直前までTwitterに勤しむ）

↓

● 午前8時：遅刻確定の状態で起床

↓

● 午前9時：実家のある大阪から、高校のある神戸に行く電車に乗る
着席後すぐに寝る

↓

● 午前10時：目覚めると電車が奈良に到着していることに気づく
仕方がないので学校はあきらめ神戸行きの電車に乗る
寝る
午後4時まで行ったり来たりを繰り返す

↓

● 午後4時：帰宅。母親に「学校行ったよ」と報告する

こんな生活をしていたので、僕の受験生時代の平均睡眠時間は11時間でした。そんな怠惰な僕でも**東大理Ⅲに合格できた、**「他力本願を徹底する勉強法」を、この1冊で紹介していきます。

世間では「受験と正面から向き合うのが合格への近道だ」と言われます。

違います。考え方が逆です。

この本を読めばわかりますが、「受験と闘う」といったときに世間でイメージされるやり方は、大学受験の実態にまったく合っていない、非効率なやり方です。それを熱量と美談で上手にパッケージングしているだけです。

僕のように怠惰な人だけではなく、受験生全員が使える**「合格への近道」が、この「他力本願勉強法」なんです。**

ここで、ひとつだけ補足しておきたいことがあります。

僕は小学生のときから塾に通い、中学からは「灘中学」という、関西でも有数といわれる進学校に通いました。なので「どうせ俺は地頭がいい、とかそういう自慢話だろ」とか「親がそこそこ金を持っていたから、予備校にも行かせてもらえた。親ガチャ成功した人に何を言われても説得力がない」などと思う人もいるかもしれません。

確かに親には感謝しています。幼い頃から塾に通い、中高と私立の学校に通い、予備校にも1年通えたのは、親のおかげです。勉強しやすい環境に生まれた僕は親ガチャに当たったと思います。

しかし、灘の生徒でも全員が東大理Ⅲに合格できるわけではありません。理Ⅲを受ける灘生が毎年20人ほどいますが、合格するのはたった10人程度です。

親ガチャに当たってもなお、メソッドなきものは落ちます。

逆に言えば**メソッドさえ知っていれば、志望校が東大理Ⅲでも合格はあり得ます。**

このことは、東大に受かっていろいろな合格者を見たことで、さらに強く実感しました。だからあなたも、今どのような状況にあるとしても、すぐにこの勉強法を始めてください。

といっても、堅苦しく考える必要はありません。ふざけた人がなんか言ってるなー、くらいの気持ちで読んでいただいて大丈夫です。ちょっと勉強の息抜きの時間に、YouTubeを見るくらいの気持ちで、読んでもらえればいいです。

「他力本願勉強法」なんてタイトルの本を読んでいるみなさんですから、できれば頑張りたくはないはずです。そのような、僕に似た人が読んでいると想定してこの本を書きました。

そのなかで、あなたの未来を切り開く発見をここからしていただけたら幸いです。

2022年12月　ベテランち

目次

第1章

「環境づくり」

――良質な他力は良質な環境から

第2章

「志望校」

——受験は志望校選びが9割

第3章

「ロードマップ」

――先輩の合格体験記を読み込む

第4章

「インプット」

――「先生の教え方」で暗記量を減らす

第5章 「アウトプット」

――解くこと自体に意味はない

第6章

「試験」

――「システム」の力でミスを減らす

第7章

「番外編」

——YouTubeでも他力本願

一緒に頑張りましょう

第1章

「環境づくり」

良質な他力は良質な環境から

「自力でやる」という幻想を捨てる

☑ 受験勉強はひとりではできません

受験の成功談として、次のような話を聞いたことがありませんか？

「誰の力も借りずに努力して勉強し、自力で難関大学に合格しました」

もしこの本を読んでいるあなたが、こういう話に憧れて、「自学自習で12時間勉強して合格しよう」と思っているなら、**考え方が逆です。**

こういう成功談が生み出せるのは**他人に頼らなくても自分で何とかできる天才**だからです。「ひとりでできるから偉い」のではなく、「すでに偉いからひとりでできる」のです。

この世の多くの人間は凡人です。こういった話に憧れても、参考にしてはいけません。もちろん、この本を読んでいるあなたが天才である可能性も否定できませんが、自分が天才かどうかわからないなら、打率の低い「天才の勉強法」に賭けるのは勝率が低いです。それに、天才でも凡人の着実な方法をとった方が、確実に合格できます。

親や環境などの他力を最大限活用して合格するのも、自力だけで合格するのも、価値としては同じです。大学受験ではプロセスより結果です。それなら、他力を最大限活用していきましょう。

人に頼ることが情けないとか、自分ひとりで戦ってみたいとか、そんな考えは捨ててください。まずはあなたも他人を真似し、他人から知識と、そして武器をたくさんもらいましょう。

そしてまずはそのために「頼るべき他人」を見つけてください。

この章では「他力本願」の基本であり、一番重要なところである「環境づくり」について、具体的な方法を交えて紹介します。[1]

まとめ

■「受験勉強は自分の力だけでするもの」という固定概念を捨てる

■「頼るべき他人」を見つけて積極的に頼っていく

1 この本ではこのように、枠外に注を設けています。どうでもいい話も多いですが、たまに大事な内容も書いているので、必ず読みましょう。

まずは「勉強仲間」をつくる

類で友を呼ぶ

大学受験では他力が重要です。

しかし、「他力」に頼りたいと思っても、簡単にはいかないものです。

「この問題の解き方が知りたいけど、先生の説明ではよく理解できない。でも先生以外に聞く人もいない……」

こういった経験を持っている方も多いと思います。

正しく他力に頼るためには、そのための「環境を整える」必要があるのです。ここではそのやり方を紹介していきます。

まず、同じ目的の仲間を作りましょう。もしあなたが東大に行きたいなら、同じように東大を目指している人たちと仲良くなれ、ということです。志望校が同じだったり、近かったりする人と仲良くなりましょう。

一緒に遊ぶような関係になる必要はありません。「カジュアルに勉強の話ができる仲間」[2]というイメージです。もし、もとから仲のいい友人と、近い目標を共有できるなら、それが一番いいです。

同じ大学を目指している人たちのなかにいると、そういう人たちの勉強法や、模擬試験でどのくらいの点数を取っているのかといった情報を手に入れることができます。その情報をもとに、自分もその人たちを真似すれば、点数を伸ばすことにつながります。

またそのような環境にいると、自然と「勉強しなければいけない」というプレッシャーを感じることになります。これだけでも、同じ目的の友達を作ることの大切さがわかるはずです。

2 大事なのは友達よりも「仲間」です。

☑ デキる友達の真似をする

ただ、志望校が同じ友達が集まっただけで、いまいち勉強のやり方をわかっていない数人が、漠然と共同作業をしているのでは意味がありません。どうにかして、勉強のやり方やコツを仕入れる必要があります。

例えば、この前まで部活ばかりやっていたのに、最近妙に模試の点数を伸ばしている人がいたとしましょう。そのときやるべきことはひとつです。その人の真似をしてください。

そこには、**その人が発見した勉強の方法論**が絶対にあるはずです。試しにその人と同じ塾に通ってみたり、同じ参考書を使ってみたりしてもいいでしょう。その人が信頼している先生が学校にいるなら、教えてもらえるように職員室に訪ねて行ってもいいかもしれません。あなたの受け持ちではなかったとしても、とりあえず適当な理由をつけて会いに行きましょう。

とにかくできる人の真似をしましょう。そしてそのためには、できる人がいる場所に行くべきです。同じ大学を目指す仲間だけでなく、できる人と友達になることも、他力本願を実践するために必要な環境づくりのひとつです。

まとめ

■同じ目標を持つ人と仲良くなる
■できる人と仲良くなりコツを探る

「肌感覚」を身につけるのがゴール

「肌感覚」とは何か

できる人にはテクニックがあります。ただひとつひとつのテクニックの背景には、できる人がみな持っている感覚的なものがあります。

僕はこういった感覚を「肌感覚」と呼んでいます。

勉強ができるようになるには、勉強できる人のやり方をひとつひとつ取り入れていけばいいと思っているなら、**考え方が逆です。**勉強ができる人が実践していることは無数にあります。それらすべてを自分も実践しようとしていては、受験本番に間に合いません。

それよりも、できる人の共通認識である「肌感覚」を手に入れてしまえば、その人の勉強の技術を盗めるだけでなく、その人がなぜそうするのかという**理由もわかります。**

☑「肌感覚」で問題が解ける

数学の問題を解いていて「この問題にどういうアプローチで取り組んでいけばいいかわからない」という経験がある方もいると思います。

例えば大学受験数学では、京大で実際に出た問題で「tan1°は有理数か」というものが受験生を悩ませました。

「背理法を使う？　三角関数を使う？　グラフを使う可能性もある？　どうすればいい？」

といった、そもそも取り組み方がわからない難問です。

しかし、「肌感覚」を得ていれば、こうした取っつきにくい問題でも、簡単に取り組み方を編み出すことができます。難問に出会ったとき、解き方は解説を見れば書いてありますが、解き方の思いつき方はどこにも書いていません。言語化できない部分が多いからです。しかしできる人はそれが解けるのが当たり前という「肌感覚」を持っています。

あなたが目指す志望校の難易度が高ければ高いほど、同じ大学を目指す人の中には、そうした「肌感覚」を獲得した人々がいます。

まとめ

■難問に出会ったときも対処できる「肌感覚」が必要
■「肌感覚」を養うには経験が必要

他人と「データベース」

☑ 情報はデータベースで共有する

勉強できる人が使っている参考書、行っている塾、使っているノート。最近成績を伸ばしたあの人が実践している勉強法。こういったたくさんの情報を、他人の力に頼ることで手に入れることができたとします。

この情報を独占して自分だけが出し抜いて志望校に合格するのもいいでしょうが、**僕のやり方は少し違います。**

こうした情報は、できるだけ仲間内で共有していきます。みんなでひとつの**データベース**をつくるのです。先ほど書いた、志望校が同じ仲間だけでなく、別のできる友達、もともと仲の良かった友達など、勉強でつながっている仲間ならだれでもかまいません。

例えば、どの参考書が一番使いやすいかを知りたいと思ったとき、何冊も自分で試すとかなりの時間とお金がかかってしまいます。けれど、去年余裕で志望校に合格した人が「この参考書がいい」と言っている情報がデータベースに入っているなら、それを使います。そうすれば、自分で試す手間は省けます。

また、あなたの受験勉強のスタートが遅かったなら、前年の同じ頃から勉強をスタートして合格した人の情報を、データベースからコピーしてみるのが近道です。

仲間内で情報が手に入ればとても効率的です。

自分に合った勉強方法を自力で見つけようとゼロから試行錯誤していたら、絶対に受験本番に間に合いません。同じ目的を持つ人間の経験・情報をデータベースにためていって、そこから最適な方法を選んでいけば楽です。[3] **1年はあっという間に過ぎていきます。**

自分ひとりで経験値をちょっとずつためていくのではなく、データベースに入っている膨大な他人の経験を参考にしていけばいい。実は、「肌感覚」を養う方法は「大量のできる人たちの情報を読み込んで、自分をチューニングすること」だけです。データベースから膨大な情報を手に入れ、「肌感覚」を養いましょう。

そのために、まずはあなたの情報を周りに共有していきましょう。そうすれば同じ目的を持つ他人が「あれどうだった?」と聞きにきますから、それがさらなる情報交換の機会になります。[4] そうしてデータベースには新しい情報が常に入ってくる、まずはそんなイメージを持ってみてください。

3 これは受験に限ったことではないですが、オリジナリティを出すのは、データベースに知見をためたその後です。

4 もちろん、ただ情報を与えるだけの都合のいい存在にならないように気を付ける必要があります。

ただ、同じ目標を持つ人たちと一緒にいると、「あいつの方が点数が良かった」とか「俺の方ができた」とか、ライバル意識を持つこともあるかもしれません。[5]

ひとりの人間の感情としては、それはとても大切です。しかし、受験というゲームの一プレイヤーとしては、そのような感情は捨ててください。そういう「ライバル」とも素直にコミュニケーションをとることを心がけるべきです。淡々と受け入れて、情報を「共有」しましょう。

それ以上に、「あいつはなぜ俺より点数が高いのか」という理由をしっかり探って、できればその人とその理由を共有していくことに集中しましょう。

5 ひとりひとりに対しては確かに、僕もライバル視したりされたりしたことはありました。

☑ データベースで「肌感覚」を手に入れる

この情報の「共有」がなぜ便利なのか、具体例を使って解説します。

僕は高校生の頃、クイズ研究会に入っていました。テレビで「全国高等学校クイズ選手権」を見たことがある人もいるかもしれません。僕の行っていた灘高校は、この大会の強豪校[6]と言われていて、部員には中学1年生の頃からクイズ漬け、という人もいました。しかし僕は、クイズに興味を持ったのが遅く、他の部員にかなり出遅れて高1の冬になって入部しました。

さらにこのクイズ研究会の引退は通常の部活より少し早く高校2年の3月でした。つまり、僕がクイズを身につける時間はたった1年ほどしかありませんでした。普通に1から勉強しているのでは、到底、他のプレイヤーに追いつけません。

[6] 僕の3つ上の学年がこの大会で準優勝しています。

そこで僕がしたことはひとつです。
とにかく強い人と友達になって聞きまくりました。[7]
同じ灘高校の生徒だけなく、他校の生徒でも、積極的に話しかけました。

「どうやって練習したん？　なんの本読んだん？」

強い人は、たいていそのときのクイズシーンの潮流を押さえています。
「ちょっと前の大会ではプロ野球選手の名前が高頻度で出題されたけど、最近はそこまで出ない。プロ野球選手ってめっちゃおるし、それやるならメジャーリーグも覚えなあかん。覚えることが多過ぎるわりに、出題頻度が少ないなら、費用対効果は悪い。なら、ここ数年出題頻度が上がっているノーベル賞受賞者の名前を覚えた方がいい」[8]

そういうことを、強い人たちは仲良くなると教えてくれます。それがわか

7 もちろんこれは策略ではあるのですが、優秀な人はだいたい人間としても面白いので、仲良くなろうとしました。

8 これはあくまで例で、実際はもう少し詳しい話をしています。

れば、ぼんやりとですが、そのときのクイズの傾向もわかってくるようになります。時代を押さえたミーハーっぽい問題もあれば、昔からちょっとずつ出る渋い問題もあるとか、そういうことです。

「クイズとは何か」が、強い人たちのなかでは代々共有されています。[9] これが「肌感覚」です。それを強い人たちと交流して見つけていくことで、「競技クイズ」全体の大きなフレームが見えていきました。

一問一問に集中する前に、全体像を掴む。そうやって練習していくことで、高2の夏には僕も全国大会に出ることができました。情報を集めて全体像を把握する、そういう感覚を僕自身が身につけることができた、最初の経験でした。

このクイズの話でわかるように、データベースで共有すると、言語化できない「肌感覚」もシェアできるという大きなメリットがあります。言葉ではまったく伝わらないような感覚も、人間どうしであれば「空気感」で共有し

9 高級レストランに代々受け継がれる、秘伝のレシピのようなイメージです。

やすくなります。

僕は高校時代にクイズを1年ほどしかやれませんでしたが、「この手の問題は、ここ数年は出ていない」「でもそろそろ今年は出る」という肌感覚を練習に活かすことができました。これは強豪校の生徒に、僕ひとりでは積めない多くの経験を、データベースに入れてもらい共有してもらった結果です。

データベースがあると、本来は長い時間をかけて経験とともに身につけていく「肌感覚」も普通の人より早く手に入ります。

まとめ

■他人から得た情報は仲間内で共有する
■データベースを作ると「肌感覚」も手に入る

まずは塾に行け！

「他力本願」は恵まれているからできる？

ここまで、志望校に合格するには「他力」に頼るための環境を整えろ、と書いてきました。ただ、読者のなかにはこう思った人もいるでしょう。

「お前は、そもそも親ガチャに当たっただけだ。恵まれていて、勉強できる環境が整っていたから簡単にそう言えるんだ」

「うちの高校は偏差値が低いから、同じ志望校の友達はいても、そんなに勉強できる人なんていない！」

けれど、灘でなくても、いわゆる「偏差値の低い高校」に通っていても、環境をよくすることはできます。簡単なことです。

それは塾に行くことです。

身も蓋もない普通すぎるアドバイスですが、かなり効果的です。[10] 周りにレベルが高そうに見える同級生がいない。そもそも学校に、真面目に勉強してそうな人がいない。そういった場合は、いったん学校に見切りをつけて塾に行ってください。レベルの高い人がいる別の高校に入り直すことは難しいですが、塾ならいつからだって入れます。そこが第一のメリットです。

そして塾に行っている人には、多少なりとも「大学に受かりたい」という気持ちがあります。仲間になる上では最適です。

また、塾に行けばとりあえず周りが勉強しているので、その雰囲気にあわせてなんとなく勉強しようと思うはずです。これが塾に行く第二のメリット

10 「身も蓋もない普通の意見」に頼るというのも、ひとつの他力本願です。

です。自分ひとりでは勉強を始めることさえ難しいものですが、無理矢理にでもまず、勉強している他人に囲まれた環境に自分を置いて、他人の力で自分を変えていってください。[11]

もちろん、お金がない、塾のない地域に住んでいる、など、何らかの事情で塾に行けないという人もいるでしょう。その場合は、いま仲のいい友達を勉強させる方向に変えていって、一緒に勉強する環境を作るなど、他の手段で自分の環境を整えましょう。「塾に行け」というのはひとつの例です。与えられた環境をよりよくする手段を探して実行するようにしましょう。

11 できれば、塾は自分のレベルより少し高いところに行ってください。そこには、あなたのデータベースに情報を入れてくれる人がいるからです。

☑ 塾の授業に出なくてもいい

もし浪人が決定したばかりなら、いますぐ予備校に行ってください。[12] 僕も浪人が決定したとき、自宅から通いやすい予備校のなかでも比較的東大理Ⅲの合格者が多い駿台大阪校に通うことを選びました。

ただ僕は、**実は予備校に行っても授業はそんなに出ていませんでした。**

親には「授業料払ってるんだから行け」とめちゃくちゃ怒られていましたが、僕としては東大理Ⅲを目指す人たちと知り合い、実績のある講師と話し、その人たちと過ごす時間に、親には授業料を払ってもらっている、そんなつもりでいました。

まずは猛者から「肌感覚」を盗む。そのために、とにかく塾や予備校に行き、環境を整えてください。

⑫「宅浪でも自分は頑張れるから予備校にはあえて行かない」という人は「自分が頑張る環境を整えるために予備校に行く」という考え方を持つようにしてください。

まとめ

■「他力本願」の環境を整える一番の近道は「塾に行くこと」

■授業に出ること以上に「環境を整える」ことを重視する

「頼るべき他人」の見極め方

要領のいい人に頼る

ここまで「頼るべきは他人」ということを書いてきました。とはいえ、レベルの高いところに飛び込んでも、そこにはいろいろなタイプの人がいます。その中の誰に頼るか。「頼るべき他人」はどうやって見分ければいいのか。

それが重要になってきます。

あなたにとっての「頼るべき他人」は、一言でいうなら、センスが良さそうな人、ツボを押さえてそうな人、です。具体的には、地道に勉強しているわけではないのに成績がいい人のことです。

●一日のほとんどを部活に使っているのに、なぜか勉強できる人
●遊びまくっているのに、模試でいい点数を取る人

などがそうです。

念のために言っておきますが、**「ガリ勉はダメだ」と言いたいのではありません。**ただ、「真似をする」という視点で見たときには効率が悪いのです。

この本はあくまで「他力本願勉強法」を紹介しています。他人の力を最大限に頼り合格を目指すことが主目的です。今さら真面目に地道に勉強している人の勉強スタイルを真似するのは[13]目的に反しています。「勉強、勉強」と必死でもないのに、成績がいい人は、時間がなくても点数を上げる「勉強のツボ」を押さえています。[14]そのツボを活用しましょう。

13 真似できるならこの本を手に取っていないと思います。できる場合はすみません。

14 「量」でカバーしてない人はそもそも「質」を持っています。

☑ 憧れる人に頼る

そして、「こいつみたいになりたい」と思える人も「頼るべき他人」です。

地道に勉強をしていくのは目的に反していると先ほど書きましたが、僕がそういった勉強スタイルを取り入れなかった理由はもうひとつあります。成績はいいけど、勉強時間が1日16時間で、プライベートの時間がまったくないのは、他人にはできそうもない努力ができて羨ましい才能だと思います。ただ自分もそういう努力がしたいか／できるかといったら、そうではなかったのです。

もしあなたが僕と同じように思うなら、努力家はあなたにとって「頼るべき他人」ではありません。もしあなたが、部活で活躍して、友達も多くて、成績もよく、すべてが上手くいっているように見える人に憧れるなら、その人の勉強法を徹底的に真似してください。

次に、「こいつみたいになりたい」と思える人、「こいつだ」と思う人を見つけたら、徹底的に観察してください。

数学を1問解く、その解き方を具体的にその人に教えてもらわなくても、隣で同じテストを受けて、感想を話すだけでもいいと思います。その人が数学に取り組むときの「肌感覚」を理解しましょう。このように書くと抽象的な感じがしますが、先ほども書いたように人間どうしで共有しあう利点は「肌感覚をなんとなく伝えられること」です。「こいつは、数学をこう捉えて解いてるのか」という肌感覚がわかるだけで、あなたの数学全体の勉強効率が上がります。

すごいと思っている人の勉強への意識を知れば、テンションが上がる人もいるかもしれません。その後の長い受験生生活を考えれば、それは大きな効果です。

15 僕の場合は、要領よく勉強していて、顔が広くて、いろんなジャンルに詳しい人です。

☑ 自分に近い他人を真似する

「頼るべき他人」の見極め方、応用編として、自分に近い他人を見つけるという技もあります。

僕は最初に書いた理由から睡眠時間を減らせないので、「寝る時間を削って勉強している人」は参考にしませんでした。僕にはそもそもなれない存在だったからです。勉強の持久力で勝負しようと思っても、そういう人には勝てません。それなら、その戦い方をとるのは非効率です。ロングスリーパーで、かつ結果を出している人がいるなら、その人の勉強のスタイルを真似したほうがいいです。**自分と似ているか、違っているかで「頼るべき他人」かどうかを見分けるというのもいい方法です。**

しかし、自分に近い他人を見つけるには、そもそも自分がどういう人間なのか、客観視する必要があります。受験生には難しいことです。自分がどういう人間かというのは、自分では案外わかりません。先ほど「応用編」と言ったのは、このやり方は少し難しいからです。

最初は「羨ましいと思う人」から見つけていくのがいいでしょう。「自分に近い他人」とは少し違うかもしれませんが、「自分がこうなりたい」と思える人になることは、目標として設定しやすいです。「自分がこうなりたい」と思える人のスタイルを獲得できていることに気づけば、自信にもつながります。なのでわからない場合は「羨ましいと思う人」を見つけていきましょう。[16]

まとめ

■頼るなら「要領のいい人」
■自分に似たタイプの相手を頼ることが大切

16 憧れの人と友達になるのは難しい、という場合には、現在の友達でもいいので仲間をつくって、全員で勉強する雰囲気を構築していきましょう。
また、技を盗むだけなら参考書やネット、本でも代用できる部分は多いです。ただ、やはり「人間」から盗んだ方が「肌感覚」が手に入りやすいのも事実です。

友達の勉強時間を観察する

相手のスタイルを落とし込む

自分に近い人間のやり方を真似しろと書きました。

けれど僕が最初に頼ろうとした人は、めちゃくちゃ体力があって、一日あたり14時間は普通に勉強できる、僕とは正反対の人間でした。[17] 真似できないと思ったものの、自分と同じぐらいの成績で、なおかつ理Ⅲを目指している同級生がその人しかいなかったのです。[18] そこで、そいつの14時間を、僕の6時間に落とし込むことにしました。そいつの達成率の7割を僕の6時間で達

17 さっきの内容と矛盾しますが、結局「こいつのスタイルを真似したい！」と思えればその人を目標にすればいいんです。

18 単純に仲が良かったのもあります。

成できるように、目標を設定したのです。

自分ひとりで勉強していたのでは、基準が自分だけなので、勉強の目標設定が作りにくく、このようにさらに効率化しようとは思えなかったはずです。[19]

「自分と似ている人のスタイルを真似する」といいましたが、突き詰めれば、自分と同じ人間なんてひとりもいません。誰とでも少しは違いがあります。その違いを埋めようとせずに、調整して「自分のスタイルに落とし込んでいく」ということが重要になります。

[19] とはいえ「他人と比べず自分ひとりで勉強する」のも、人によっては策略としてアリです。ただ、他人と比べることで「自分にはこれが足りない」などがわかりやすくなります。

☑「自分の位置」が自然にわかる

友達と勉強をする、というのは、なにも机を並べて一緒に、というだけしか方法がないわけではありません。何時間勉強したとか、同じ参考書の何ページ目に今いるとか、お互いに報告し合うこともできます。共有できるアプリ[20]もたくさんあるので、それを使うのもいいと思います。

そういうものでお互いの状況を可視化しておくと、相対的に「自分の位置」を知ることもできます。「あいつは10時間かけて過去問5年分解いた。じゃあ自分は重要そうな3年分を6時間かけて解く」「あいつは○○の模試で○○点だった[21]」、といったように考えていけます。

その人ひとりだけではなく、仲間を増やして、「他の人は何時間かかっているのか？　あの人はどうか？」とチェックしていくことで、「自分の位置」

20 僕はStudyplusというアプリを使っていました。

21 他人の模試の話を聞いてライバル意識を持たなくてもいいと先ほど書きましたが、単なる情報としては重要なので知っておきましょう。

がどんどん明確になって、スムーズに次の一手が見えてくるようになります。

まとめ

■友達の勉強時間を共有して自分の勉強時間に落とし込む
■自分の勉強の進み具合を明確にする

友達にメッセージを送りつける

☑ 本当にやる気が出ないときは

それでも、どうしてもやる気がでない日もあります。そういうときは友達にメッセージアプリでメッセージを送りつけるといいと思います。

勉強と関係ない話をしてしまうこともあるかもしれません。昨日のプロ野球の試合がすごかった話とか、おいしいラーメン屋情報とか。けれど基本的に「勉強でつながっている友達」なので、どこかで話題が勉強になっていきます。「そういえば、あの課題やった？」とか「この間の模試、何点だった？」とか、そういう感じです。そのやりとりをしているうちになんとなく「やらなあかんなあ……」という気持ちになっていきます。

それでもスイッチが入らない場合でも、どうでもいいやりとりが増えてくると、多分友達もだんだんイライラしてきて、ついにはこう言うようになります。

「そろそろ勉強したら？」

友達に言われたくないことを言われるのは、かなり効きます。**自分ひとりで自分を律することはなかなかできません。**[22]「明日からやる」と毎日言い続けている人は絶対明日もやりません。

塾や学校、親だってあなたがなまけていたら怒ってくれるかもしれません。けど怒られて一番心に刺さるのは友達です。だって親や先生は自分で選べませんが、友達は自分で選んでいるはずですから、嫌われたら凹みます。

[22] 「怒られるのはイヤだ」という人は多いですが、他力本願で勉強をする場合、怒ってもらえるのは得です。むしろ、怒ってくれる人を増やすように心がけましょう。

怒ってくれる他人を利用して、やる気をうまく軌道修正していきましょう。

☑ 志望校は他人に宣言する

この本を読んでいるあなたが、本気で志望校に行きたいと思っているならば、一刻も早く「俺は〇〇大学に行く」と友達や家族に宣言してください。

受験生の何割かが、志望校を周りに隠しているというのも事実です。笑われたくないとか、落ちたとき恥ずかしいとか、そういうことだと思います。けれど目標を掲げ、ともに知識と経験をデータベースで共有していくためには、志望校をはっきり宣言してください。本当にその志望校を目指すのであれば、周りに明らかにしておいて、力を貸してもらえる状況にした方がいいです。

あなたが東大に行きたいと思っているとして、

「お前が東大に受かるとは思えないけど、そんなに言うなら、俺の親戚の東大生紹介しようか？」

とか、言ってくれる人がいるかもしれません。その親戚の東大生に会うことで本当にメリットがあるのかはさておき、そうやってなにかしらの機会が巡ってくることもあると思います。

落ちたとき恥ずかしい、笑われたくない、そういう自意識は捨てましょう。そもそも受験を、そんないいカッコをして挑むのもどうかと思います。周りにいいカッコをする人は、自分自身にもいいカッコをして自分を甘やかすものです。「今年は落ちたけど、本気出せば受かる」と一生言い続けて、一生受からない人になってはいけません。[23]

[23] 「変にいいカッコをしない人」はカッコいいので、結果的に成績も上がるし、カッコつけることもできます。

☑ 自分を過信しない

大事なのは自分を過信しないことです。

目標を他人と共有して、外れてきたら他人に怒ってもらう。自分ひとりでは目標から外れてしまったとき、「いやそもそも○○大とか目指してないし」「今は本気出してないだけ」と**言い訳して逃げることができてしまいます。**

「お前は○○大を目指している。でも今のままでは合格できない」

そう言って怒ってもらってください。怒られなくても「あいつ○○大行くとか宣言してたのに、謎の自信で勉強しなかったせいで落ちた」と言われるのは恥ずかしいしダサいし、避けたいと思うはずです。そのためには、友達にしょっちゅうメッセージを送りつけましょう。

まとめ

■友達が勉強を強制してくれるように仕向ける

■「自分は何もプレッシャーがなくても勉強する」と過信しない

今すぐできる環境づくり

☑ 環境づくりの最終手段

志望校に受かるための環境づくりをまとめるとこういうことです。

「○○大学に行く」と周囲に明言する

←

近い目的の友達を作る（そのためには塾に行く）

←

一緒に勉強する
←
たまに怒ってもらう

それでもうまく勉強を始められないときは、勉強する前に部屋を片付けるのもいいと思います。「部屋を片付けたからには勉強しよう」と自分にプレッシャーをかけられるので。もういっそ、頭にハチマキとか巻いてみるのでもいいです。これは適当に言っているのではありません。ハチマキを巻いて、常に「勉強しなければいけない」というプレッシャーをかけるものを身につけておくのもアリです。

あとは部屋に「絶対合格」と書いた紙を貼るのもいいかもしれません。貼ってあれば視界に入ってきて、またプレッシャーをかけられます。[24]

それ以外にも、「洋画を観る」などでもいいと思います。劇中で「この単語の意味なんだっけ」と調べ始めて、そのまま勉強に戻っていけるパターン

[24] 僕が友達とやっているチャンネル「雷獣」のメンバー・永遠《とわ》くんは、実際に今も部屋に「完全燃焼」と書いた紙を飾っているらしいです。

もあるかもしれません。本当に何もする気がなければ、とりあえず興味のあるところからスタートするのもありです。今はウィキペディアの英語版など英語の長文を気軽に読める環境が整っているので、やりやすいと思います。[25]

まとめ

■とりあえず何でもいいので自分にプレッシャーをかける
■やる気が出るなら興味のあることから始めていい

(25) 英語版ウィキペディアの文章がどれくらい整った英語かはわかりませんが……それでも大学受験レベルだったら難しい英語でしょ。勉強系のYouTubeを見るのはオススメしません。リスニング音声をただ聞き流すだけ、というのもそうですが、漠然と見たり聞いたりしているだけでは基本的にダメです(このあとの章でちょっと肯定してますが)。

他力に頼るには泣いて土下座することも必要です

第2章

「志望校」

受験は志望校選びが9割

合格するかは「目標設定」次第

☑「なんとなく決める」で失敗する

第1章で「志望校を宣言する」ことが必要と書きました。

しかしこの本を読んでいる方には、**そもそもまだ志望校が決まっていない**という人もいるかもしれません。

●特に行きたい大学はないけれど、自分の学力だとこのあたりか
●とりあえず受験勉強を始めないと

くらいの気持ちで、なんとなく基礎的な問題集から手をつけているという人もいると思います。

しかし目標が「なんとなく」だと「なんとなく」しか頑張れません。**そのままなんとなく大学に落ちることになります。**

「なんとなく」で、失敗したいい例があります。**僕です。**

なんとなく不合格

何で失敗したかというと、運転免許の学科試験です。

大学2年生のとき、車の運転免許合宿に行きました。

免許って、だれでも持っているイメージはありませんか？　僕にはありました。なので、免許獲得のハードルって高くないように思えたんです。それに加えて、僕は東大理Ⅲ生です。なんとなくやれば受かるものと思うのが普通です。

結局、**2回落ちました**。仮免の学科と本試験の学科に1回ずつ落ちました。東大理Ⅲ受かっているのに、普通自動車免許（ATに限る）の学科試験2回落ちる人っているんですね。

普通に考えて免許試験より東大入試の方が難しいのに、なぜそんな情けないことになってしまったのでしょう……。[1]

それは僕が「なんとなく」勉強していたからです。

なんとなくみんなが使う筆記の問題集を使って、なんとなく勉強していたら、こうなりました。

何も考えず、とりあえず、なんとなく勉強。これは、**何もやりこむものが見つかっていない、今のあなたの勉強と同じです**。

さらに僕は、普段、車が必要な生活をしているわけではありません。そこまで「免許が欲しい！」と切羽詰まることもなく、というか、免許合宿に参

1 この様子は僕のメインチャンネルの動画で見れます。

加した理由も「みんなが免許持っているから」くらいのものでしかありません。モチベーションが存在しませんでした。

これもまた、**志望校が決まっておらず「みんなが受験勉強をしているから」という理由で勉強を始めているあなたと同じです。**

東大理Ⅲに合格する能力がある人（僕）でも、目標設定がしっかりしていないと、普通自動車免許（ATに限る）の筆記にすら受からないのです。

目標設定ですべてが決まる

成功するかどうかは、目標次第です。

まず、目標を明確にして、そこから逆算して手段を見つけていかないといけません。そこからでしか受験勉強は始まりません。

もしあなたが「大学合格」という漠然とした目標しか持っていないとした

ら、その目標は具体的な行程やアプローチを引き出せない「悪い目標」です。アプローチが見えてこなければ、できることもまったくありません。大学に本当に合格したいのであれば、目標を「大学合格」から「〇〇大学合格」と具体的にして下さい。

ラクして大学に行きたければ、一刻も早く、志望校を決めろ！

☑ アプローチの方法が見えてくるまで具体化

結局大切なのは「目標のレベルが自分に合っているか」よりも、「具体的な目標が立てられているか」です。

もしあなたが本当に「○○大学に行きたい」と思うのであれば、

- 志望校合格には何点必要なのか
- その点数を獲得するにはどの科目で何点取ればいいのか
- その点数を取るためには何ができるようになる必要があるのか

といった合格までの道筋をしっかり考えていると思います。

しかし、ぼんやりと「大学に行きたい」と思っているだけでは、そのために今何をする必要があるのかがまったく見えてきません。「勉強しろ」と怒られても、何をどう勉強すればいいかわからないのではまったく心に刺さってきません。これではあなたにプレッシャーを与えることができません。

ただ、この本は「他力本願勉強法」の本です。この本を読んでいる時点でそもそも**「そういうのはいいから合格させてくれ」**という人も多いのではないでしょうか。

そんな方のために、ここから先は僕なりの「真剣になれない人のための目標の立て方」を紹介していくのですが、その前に僕の話をさせてください。

まとめ

■「なんとなく」目標設定すると「なんとなく」不合格になる
■目標設定のコツは「真剣に落とし込めているかどうか」

僕が東大理Ⅲを目指した理由は

☑ 明確な理由なんて何ひとつない

僕が東大理Ⅲを志望した理由は、シンプルでした。

東京に行きたかったから。

そして、僕が東京に行きたかった理由も、シンプルでした。

ビッグになりたかったから。

さっき、あれだけ「具体的な目標に落とし込め」と書いていた割にはいきなり理由薄いな、と思ったそこのあなた。

考え方が正しいです。僕もそう思います。

灘高校は進学校です。周りには医者、弁護士といったエリートを目指す人間も多くいました。

けれど「進学校↓難関大学↓エリート」のコースに乗っかるのはつまらないなと思っていました。僕の場合は、なんか違うなと。

で、

東京に行きたい

↓

俺は灘校生だ

↓

灘校生なら東大行くか

↓

そのうえで、ビッグになるか

「東大を目指す」という、灘校生としては普通の結論に一周回って至りました。[2]

ただ、両親には、「なんで、何したいかもわからんヤツ、金出して東京行かせなあかんの」と反対されました。僕に大阪の国立大学に行ってほしかったようです。けれど父が医学部を目指していた過去があり、話し合いをしていくうちに、「東大医学部（理科Ⅲ類）なら、許す」と譲歩してくれました。

「東京に行きたい」と「親が許してくれる範囲」の落とし所が、東大理Ⅲ。

こうして僕の志望が東大理Ⅲに決まりました。

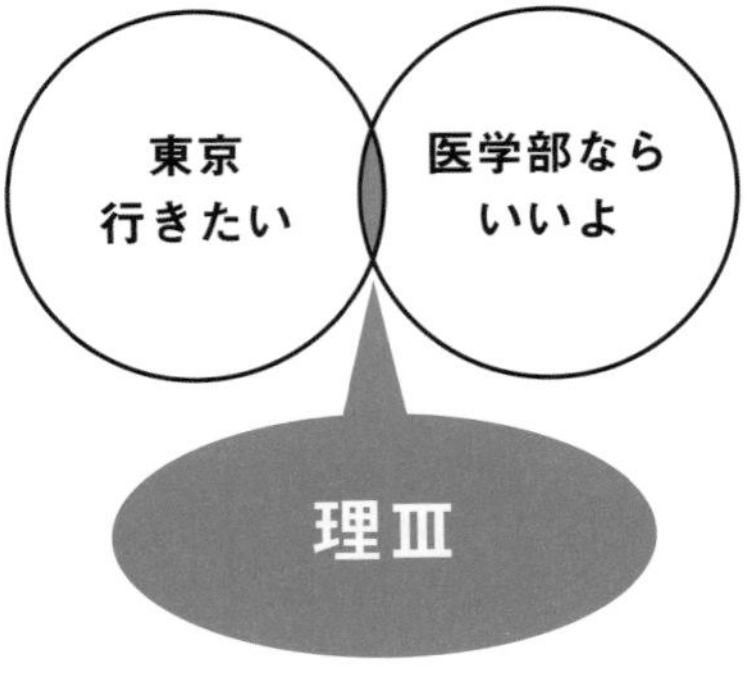

2 こういう「一周回って普通の結論に至る」というの、大事だと僕は思っています。

☑ あとは戦略を立てるだけ

東大理Ⅲは高い目標でしたが、それでも漠然とした夢ではないので、あとは戦略を立てるだけでした。

僕の場合の戦略は次のようなものです。

東大理Ⅲに合格するには

(年によっては前後するものの)「2次試験は300点以上が必要」という明確なボーダーがある

英語と数学と理科は120点満点
↓それぞれから少なくとも80〜90点をとる

国語は80点満点
↓少なくとも40点はほしい

「東京に行きたい」という漠然とした夢が、ここまで具体的に落とし込めてきました。「僕は英語が得意だから、80は難しくない、もしかすると90以上を狙えるかもしれない。でも数学は苦手だから、今より勉強時間を増やした方がいい」など、数字がわかれば戦略もどんどん明確に見えてきます。「東京でビッグになる」という夢も現実の目標に落とし込めれば、戦略が決定して、必然的にやるべきことが見えてきます。[3] この戦略があって勉強しているのと、免許のときのようにただやみくもに教科書を見ているだけでは、勉強の効率も大きく変わってきます。

まとめ

■目標さえ決まってしまえばやるべきことが確定する
■決め方は最悪なんでもいい、早く志望校を確定させる

[3] 目標が決まってから、やるべきことが決まるまでとてもスムーズにみえるような書き方をしていますが、「本当にここまでスムーズにできるのか?」と疑問を持つ方も多いと思います。この方法に関しては、次章で紹介します。

志望校は「やりたくない」で見つける

☑ 志望校選びのカギは「条件設定」

僕の志望選びの条件は2つでした。「東京に行ける」「医学部」この2つの条件を満たすのは「東京大学理科Ⅲ類」だけでした。

どの学校もピンとこない、やりたいことがなんなのかわからない、そんな人は**条件設定がうまくいっていません。**

逆に言えば、条件さえ設定できれば志望校は決められます。ここからは、条件を見つける具体的な方法をいくつか紹介します。

☑ やりたくないことから考える

やりたいことが思いつかないのであれば、逆にやりたくないことが何か考えてみましょう。

- 「他人とかかわりたくない」
- 「暗記ができない」
- 「じっくり考えるのが苦手」

これを掘り下げていくと、「これの方が自分に合っている」というものがすぐに出てきます。

「他人とかかわるのが苦手」なら、ゼミで共同研究するような学部は避けて、自分でコツコツ勉強できる学部を選ぶべきです。

「暗記が苦手」なら、こみ入った専門知識が必要な学部は避けましょう。

「じっくり考えるのが苦手」なら、実験が多い学部が向いているかもしれません。

例えば、「暗記が苦手」だから「こみ入った専門知識が必要な学部」を条件から外すとします。でもそう考えているうちに、暗記が苦手というより、学んだことがすぐ活かせないから、覚えることが多い状況がイヤなのかもしれない、と思いいたるかもしれません。

「それなら、例えば経済学部とか？　いや、でも経済に興味はない。でも自分がイメージしている経済学部の勉強って、実際の経済学部の勉強とどれくらい合っているのか。少し調べてみよう……」と、「暗記が苦手」をきっかけに、志望学部選びが少し楽になってくることもあると思います。条件をひとつ付け加えるだけで、自分を深掘りするいい材料になるはずです。

☑ なりたくない人から考える

志望校選びのやり方として、なりたくない人を見つけて、その逆、あるいは上をいくように目指すのもありです。ひと聞きの悪いように聞こえるかもしれませんが、他人に言わなければいい話です。

- 勉強もできて、センスもあるのに、実力より偏差値が遥か下の学校を志望校にあげている人
- あまりにも順当なレベルの学校を志望している人

あなたがこういうタイプにはなりたくないと思うとします。

「こいつがこの成績でこの大学受けるの、受験舐めてるな」

と思ったなら、

「自分は上の大学目指そう」

と決めてしまえば、それが目標になることもあります。

逆に、熱血で目標も意識も高い人が嫌いなら、

「こんな情熱だけで中身が伴ってない人と一緒にされたくない」

と思えば、自然とハードルを低めに設定しますよね。このように、なりたくない人のことを考えれば自然と出てくる場合もあります。


自分が行きたい志望校・志望学部が見つからないなら、真正面ではなく、**少し別の視点から探ると、見つかりやすくなります。**

まとめ

- 志望校の「条件」を設定する
- 条件は「やりたくないこと」「なりたくない人」で探すと楽

志望校も他人に決めてもらおう

責任感が強い人の場合

さらに、もしあなたが責任感の強い人なのだとしたら、「人に決めてもらう」のもいい方法です。

東大の同期で、真面目な人がいました。レポートは締め切りの１週間前に必ず提出、「今回は手こずった」というときでも、３日前には提出していました。そいつは、真面目すぎるがゆえに「絶対に締め切りの数日前に提出する」という特殊な目標を持ってしまったのです。

何が言いたいかというと、「人に設定された目標、ハードルを越えることに、燃える人」がある程度いるということです。受験を攻略するには、まず目標が絶対に必要です。目標がないなら、他人を利用して、これを決めてもらうのもありです。僕の東大理Ⅲ志望も、経緯を考えればある意味他人に決めてもらったと言ってもいいかもしれません。

☑ 親に志望大学を指定されてもいい

親に、先生に、「お前はこの大学に行け」と言われて目指してみるのもありです。「宿題をやれ」と言われると、イヤでもどこかで「やらなきゃな」と思うものです。誰かと約束をしていると、「めんどいけど行かなきゃな」

と思うと思います。

それと同じです。親が言ったから「東大に合格しなきゃ」でもいいです。他人を使って、あなたの責任感を発動させ、志望校を決めてみてください。

「親や先生の言いなりになるのはイヤだ」

とまた中学二年生みたいな気持ちになるなら、親や先生がいうよりも一段偏差値レベルの高い学校を目指してください。

「○○大学!? 俺は勉強ができないとナメてるな!? なら東大に行ってやる!」と燃えるスタイルでも、「親にも先生にも全然期待されていないせいで○○大学に行けとか言われてるけど、この状況で東大合格したらエピソードとして完璧だよな」という笑いに人生を賭けるスタイルでも、モチベーションは保たれるのではないでしょうか。

まとめ

■責任感が強い人なら、志望校を他人に決めてもらってもいい

志望校は「少し上のレベル」がいい

☑ 少し高いレベルの志望校が「得策」

志望校は「自分のレベルよりちょっと高い」くらいが最適です。

高い目標を立てることを、現実的ではない、恥ずかしいと思う必要はないです。英語がまったく話せないのにハーバード大学に合格する、とかはさすがに厳しいですが、でもそれも戦略次第ではなんとかなるものかもしれません。

また、後から志望校のレベルを少し下げることはできます。しかし逆に、目標を後から上げようとすると、受験科目が増えたりして、それまで実践してきた勉強の時間配分をすべて組み直すことになります。[4] 後で変えてもかまわないので、最初は「無理かもしれない」と思うくらいの「ちょっと上」のレベルで考えてみましょう。

僕が親に「東大理Ⅲ」を目指すと約束したのは、「最悪、理Ⅲから理Ⅰへ下げてもいい」と思ったからです。

理Ⅲ志望で勉強していれば理Ⅰは余裕で受かるだろうと考えていました。

結局、親に志望校のレベルを下げることを許されず、高い目標にひっぱられたから、理Ⅲに合格しました。[5]

4 ちなみに、うまくいかないときのために第2プランを考えておくのも重要です。「プランが現実的かどうか」の指標には、「うまくいかなかったときに第2プランにスムーズに移行できるかも入ってきます。

5 今だに、理Ⅲの受験会場の悪夢を見ます。

☑「戦略の時間」をとる

ここまでずっと、志望校を設定することの大切さをお伝えしてきました。受験勉強とは、とりあえずどこを受けてもある程度の点数が取れるように勉強する、というものではありません。それは逆に効率が悪いです。

さらに実際に問題を解いている時間だけが「勉強している時間」ととられがちですが、決してそうではありません。合格するには、目標を決め、アプローチを考え、逆算して戦略を練る。この段階をしっかり詰めていく方が、やみくもに勉強するより、のちのち時間あたりの効果が高くなってきます。

「英語の時間」「数学の時間」の前に「戦略の時間」を優先してとってください。

まとめ

■少し高い目標に設定すると、あとあと楽
■勉強以上に、勉強の戦略に時間をかける

受験は「戦略」が命です

第3章

「ロードマップ」

先輩の合格体験記を読み込む

合格体験記で計画を具体的に

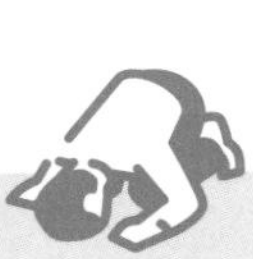

☑ 合格までの「ロードマップ」をつくる

さて、第1章では環境を整え、第2章では志望校を決めることができました。「いよいよがむしゃらに勉強するだけ！」と思ったかもしれませんが、そうではありません。大事なことを忘れています。

志望校が決まったら、合格までのロードマップを作りましょう。「志望校の受験科目は何か、それぞれ何点ほど取ると合格なのか。その合格点をゴールとして、何月までにそれぞれの教科をどれくらいまで伸ばさないといけないのか」と逆算してみてください。

ゴール：○○大学合格

	数学	英語	物理
二次試験			
共通テスト			
11月模試			
先月の模試			

実際に紙に書き出すと可視化されて、一層わかりやすくなります。

例えば、紙のいちばん上には「ゴール：○○大学合格　数学：○○点、英語：○○点、物理：○○点」と書きましょう。その下には、「共通テストでそれぞれ○○点」その下には「11月の模試ではそれぞれ○○点は必要」と書いていってください。

紙のいちばん下には直近のあなたの模試の点数を入れてください。

「高校3年、5月のこの時点で点数がこれだけ低いのに、11月までにこんな点数が取れるか？」と不安に思うなら、このロードマップをもっと細分化してみましょう。「1週間でこの単語帳を終わらせる、次の1週間はこの参考書……」という感じです。

今の自分がどうすればゴールに到達できるのか、ロードマップとは、その道筋、経路図のことです。

☑ 情報を収集する

とはいえ、いきなりロードマップを作れといわれても、難しいと思う人もいるかもしれません。その場合は、**ロードマップを作成する上での情報が全然足りていないのが原因です。**

志望校の試験科目や何点満点なのか、毎年の平均点はどのくらいなのかはわかるかもしれませんが、年度によって平均点は上がったり下がったりします。どれくらい取れればいいのか正確には把握できません。そんなあいまいな状態でさらに「合格までの道のりを書け」といわれても、難しいと思います。

そこでやるべきことが「情報収集」です。

「情報が足りないから、情報収集をするべきだ」というのは、当然のことのようにも思えますが、ここであえて当たり前のことを言うのには理由があります。

というのは、多くの受験生が「志望校合格のための情報収集」と言われたときに、とりあえずその大学の公式サイトを見て、それからなんとなく偏差値を見て、ちょっと頑張る人は過去問を見て、それで情報収集終わり、といったような行動を取ると思います。しかしそれは、**はっきり言って甘いです**。

ここで少し考えてみてほしいのですが、もしあなたが念願のひとり暮らしを始めるとして、まず、どうやって部屋を探しますか？　とりあえず、不動産サイトやアプリをチェックすると思います。部屋の写真や立地を見て、家賃を比較して、周辺の町の様子なんかもネットで調べるでしょう。物件や、不動産業者の対応についてなど、口コミをチェックして、自分に合った部屋なのか、町なのか、そもそもこの不動産業者は悪徳ではないのか、など隅々まで情報を集めると思います。

こうした作業によって何をしようとしているのかというと「その物件に住んだ自分のリアルなイメージを持つ」ことです。今からあなたがやろうとしていることは、これと同じです。とにかく情報を集めて、合格までの具体的な道のりをイメージする必要があります。

そしてその情報は、**他人から引き出すのです。**「他力」を意識しましょう。他人の経験をもとに、あなたの合格までのロードマップを作っていくのです。

例えば「合格者はいつから勉強を始めていたのか」「高校3年の春、夏では模擬試験でどのくらいの点数の伸びがあったのか」「その勉強方法とはどんなものだったのか」などの情報を集められるだけ集め、整理して時系列に並べてください。その人の辿った道を同じように辿り、「6月にはここまでやる」「8月には模試でこのくらいの点数を取る」とその人の経験をトレースして、細かい到達点を設定していけば、それが自然と合格までのロードマップになります。

☑ 情報は「合格体験記」で集める

しかし、それ以上に「合格体験記」を読んでください。

ロードマップを埋めるための情報源である他人の合格経験は、先輩やOB・OGから聞けばいいですが、周りに情報を持つ人がいないこともあります。たとえ情報を持つ人がいたとしても、ロードマップを埋めるのに十分な人数の先輩がいることは少ないです。

合格体験記を丁寧に読み込んだことはありますか？　おそらく多くの人が、そんなことしていないのではないでしょうか。

ご存じない人のためにお伝えしておくと、「合格体験記」とは、各予備校や塾が出している小冊子です。勧誘のために受付に置いているところも結構あります。自習室や講師室にもあります。出版社からも「東大合格体験記」

といったものは毎年数社から出ていますからぜひチェックしてみてください。

トレースする経験を見つけるために、なるべくたくさんの人の合格体験に触れて、そこから少しずつ真似できるところを吸収していくことが大切です。この「合格体験記」は1冊に数十人の体験が載っているので、先輩ひとりひとりに「話を聞かせてください」と声をかけるより、はるかに効率的です。

☑ トレースすべき「他人」

ただ、注意してほしいのは、前にお伝えした通り、トレースすべき合格者のスタイルは、あなたが憧れる、あるいは今のあなたに近いものでなければいけません。

あなたが、現時点で高校3年生、まったく勉強をしてこなかったのであれば、例えば甲子園に出場して、高校3年の夏までいっさい勉強してこなかった人の勉強スタイルをトレースしてみるのもいいと思います。

合格体験記によるとこの人は、最初こそ成績が伸びたものの、夏休み明けに伸び悩みます。けれど参考書を変えて、塾を変えたことで、また一気に成績が上がっていきます。「なるほど、この時期に伸び悩む人は結構いる。いちいち落ち込まなくていいのか」とこれでわかります。

「この人は、どこの塾に変えたのか」「参考書はどれにしたのか」「自分は最初からその塾、参考書を使えばいいのではないか」など、メンタルの部分から、具体的な塾・参考書の名前まで、学ぶべき点がいっぱいあります。「甲子園球児だからな、そもそも根性があるから、もしかして自分とは違うか。なら、この『高校3年まで、部活も勉強もせず遊び歩いていた』という一見チャラそうなこいつの方が、俺に近いのか……」

このように「合格体験記」を読んでいるととにかくいろいろな人の体験を吸収できるんです。そうして自分のロードマップをより具体的にしていきましょう。

まとめ

■合格までのロードマップをつくってみる
■情報は「合格体験記」で手に入れる

合格体験記マニアになったベテランち

読ませる体験記

そうやって合格体験記を読んでいくと、だんだん普通に読み物として面白く感じるようになると思います。僕はその結果、過去数年分の体験記にも手を出し、一気に５００人分くらい読んでしまいました。

また直近の年のものは何回も読み込んだので、合格者の名前も覚えてしまうほどでした。なので東大に入ってから「Ｔさんって名前、聞いたことあるぞ？　ああ、あの、鉄壁50周したＴさんか！」とか、学内で体験記のご本人に出会うということもあったほどです。

ここからは、「合格体験記」で僕が出会った、印象的な合格者エピソードをご紹介します。

☑ 鉄壁50周のTさん

Tさんは東大受験時、英語が120点満点中の110点でした。東大英語の平均点がだいたい80〜90点あたりなので、これはめちゃくちゃすごい点数です。

気になったのでさらにページを読み進めると、彼の合格体験記の、使った参考書をまとめた部分に「『鉄壁』50周したので英語は余裕でした」というコメントがありました。

鉄緑会という東大専門の塾が出している英語の単語帳『鉄緑会東大英単語熟語 鉄壁』。700ページ以上あるこの分厚い一冊を50周勉強したというのです。

僕はこの体験記を読んだ当時「いや、できるか！」とひとりで自習室にいたにもかかわらず、声を出してツッコんでしまいました。

けれど僕だけでなく、当時の東大受験生の多くがこのTさんの体験記を戦慄して読んでおり、「鉄壁50周、伝説のT」という呼び名で都市伝説のようにその名前が囁かれていました。僕の先輩は「50周とかありえんやろ。床に置いてその周りを50回、回ったんちゃうん」とまったく信じようとしませんでした。

50回鉄壁の周りを回ると受かるなんて、そんな呪術的なことがあり得るのかはわかりませんが、50回やり込むというのはそれくらいありえないことなので、Tさんの合格体験記は、僕にとっては決してトレースすることができない、参考にならないものでした。

☑「やっているかやってないかだけ」のIさん

東大理Ⅲにトップ合格したIさん。トップ合格だけでなく、全科目ほぼ満点、バケモノのように点数が高かったのを覚えています。

流石にそこまでいくと、僕とかけ離れすぎていてまったく参考になりませんでした。トレースするためというよりは、単なる興味でIさんの体験記を読んでいました。

正直どんな勉強法だったのかはまったく覚えていないのですが、本人コメントのところにこんなことが書かれていたことを、覚えています。見ず知らずの他人の言葉ですが、今でも暗唱できます。

「得意と苦手の違いは、やっているかやっていないかだけ」

巨匠感、ラスボス感が凄くて、震えました。言っていることのレベルがスティーブ・ジョブズと同じくらい高すぎる。この人はきっと、全科目必死になって勉強して、そして全科目満点を収めた本当の猛者なのだと。

☑ お嫁さんのSさん

ある塾の合格体験記は、今ではどうかと思いますが、合格者のキャラクター、プライベートな部分にまで踏み込んでインタビューされていました。そのなかで、東大理Ⅲに合格した女性のインタビューがありました。

彼女は高校生活のかなりの時間をストイックに勉強に費やして、こちらも満点に近い点数で合格していました。「この人の勉強スタイルはストイックすぎて僕には真似できないな」そう思いながら、さらにインタビューを読み進めると……こんな一節が出てきました。

Q. 将来の夢はなんですか?

A. お嫁さん……かな(笑)

ここまでゴリゴリに勉強して東大理Ⅲにトップ合格し、将来の夢はお嫁さんと聞いて、また自習室で声を上げてしまいました。

もちろん、夢がお嫁さんでも問題はないんですが、勉強法があまりにハードでギャップがありすぎたので、つい驚いて声が出てしまいました。

だからなんだ、という話をしてきましたが、このように、ちょっとした小話ができるくらいに読み込んで、ロードマップの材料を蓄えておくと、戦略がとても立てやすいです。

まとめ

■合格体験記は、「エピソードトークができるくらい」まで読む

■「エピソード」を覚えれば戦略が立てやすい

受験マニアにはなるな

☑ 合格者の体験でイメージングする

このように僕は、東大合格者の体験をデータベースに入れて、いつでも引き出して活かせるようにしました。おかげで見ず知らずの彼らの経験を使って、合格までのあらゆるイメージがつくようになったのです。

●夏には一度モチベーションが下がるが、当たり前なので凹まないこと。
●睡眠時間を確保しつつ成績を上げるには、一問一問に時間をかけるよりも、全体を把握しながら勉強を進めるようにすること。

自分はまだ体験していない受験を、彼らの経験をもとに疑似体験させてもらったことで自分の方針も固まっていきました。合わせてリアルな友達や先輩からの話も聞いて、肌感覚も獲得していくことで、ロードマップの精度を上げていったイメージです。[1] こうして僕は、他人の力を借りて受験に挑みました。

1 合格体験記は合格した話しか聞けないので、浪人の先輩の話も聞くと、なぜ失敗したのかがわかり情報に偏りが出ないです。

☑ 情報を集めただけで終わりにしない

ここで皆さんに勘違いしてほしくないのですが、合格体験記を読みまくるといっても、単なる「受験マニア」になってはいけません。「受験マニア」とは、あらゆる参考書と情報を集めることだけで満足してしまい、自分で手を動かさない人のことです。

先ほど僕は「情報を集めることがまず大事」と書きました。しかしそこはあくまで第一段階で、そこから自分がトレースすべきスタイル、自分に合った勉強方法を取捨選択していきます。

けれど**「受験マニア」は、情報を集めただけで終わってしまいます。**

参考書を買っただけで勉強した気になる

新品の参考書を何冊もずらっと並べて、それぞれの違いを語ることは得意

ほとんど手を動かさないので参考書は新品同様の状態

もしあなたがこのような特徴に当てはまるのなら、「受験マニア」の可能性があるので気をつけてください。

情報を集めるだけでなく、ちゃんと手を動かして合格することを目指してください。

1年という時間はとても短いです。

その時間内に、自分では体験しきれないことを、合格体験記が教えてくれます。ただ情報を集めるだけで満足せず、必ず自分に置き換えて、合格までの距離を縮められる人になってください。

まとめ

- ■合格体験記は「読んで終わり」にしない
- ■自分に置き換えて、合格体験記の知見を応用する

模試はできるだけすべて受ける

☑ 模試は「締め切り」

ロードマップの作成が終われば、あとはそれに沿って行けばいいだけです。しかし、自分がロードマップ通りに勉強できているか、正確に把握するのは難しいと思います。そこで、模試を活用してください。

僕が受験生だった当時は、模試は6月、8月、9月、11月、1月とありました。多くの人は8月と11月の2回を受けましたが、**僕は4回すべて受けま**

した。ただ点数を知るためだけが目的ではありません。「次の模試までに、ここができるようになっておく」というような、締め切り日のようなものとして、この2ヵ月に1度の模試を使っていたのです。[2]

僕の場合は、この戦略を立てる専用のノートを作って常に持ち歩いていました。高校3年の春からの東大理Ⅲ受験、このままだと絶対に受からない、という焦りも、ロードマップをより細かく書かせるひとつの要因だったのかもしれません。

8月までには、この教科で〇〇点取る。11月までには、志望校の赤本で〇〇点取る、という基準を作り、そこから「この分野の問題を今月中にクリアする」などロードマップをより細かくする。そして合格までのロードマップの中で、自分は今、どこにいるのかはっきりと理解しておくことが大事です。

もし自分の現在位置がわかっていれば、「少し遅れているから、ここから

[2] この本は「他力本願勉強法」なので、締め切り日のようなプレッシャーがあった方がいい人が多いと思うのですが、模試を1回受けると勉強できる日が1日つぶれるので、そういったプレッシャーがなくてもいい人は2回で十分だと思います。

1ヵ月は無理をする必要がある」と早期発見ができます。
やみくもにやるよりも、この区間だけ走り抜ければ追いつける、とわかっていれば、無理をするにしても気持ちが楽です。

☑ 客観的に自分を振り返る

一番大事なのは、できるだけ自分を客観的に評価することです。過小評価しても、過大評価してもいけません。「自分はできないから」とか「俺はやればできるから」というざっくりした感覚ではなくて、何が得意で何が得意でないか、客観的に知っておくべきです。それがわかっていれば、実際の試験でどのように取り組むべきかも見えてきます。

例えば150分の試験で、確実に解ける問題があればそこから手をつける。
ちょっと難しい問題が終了時間が迫っているのに残っていた場合、解けた問題にミスがないかチェックする時間にするのか、それとも難しい問題に挑むのか。[3]「自分はミスをしがちだから、挑まずに、確実に解けた問題のチェックをしよう。その方が、点数が伸びる可能性がある」などと冷静に判断ができるようになります。

模試の段階でそれを知っていれば、「ミスをしがちな自分」も修正する時間をつくることができるでしょう。

試験の点数は自分を映す鏡です。その時点で、解けたところ、解けなかったところをしっかり把握して、自分の状態を確認してください。現在位置を知り、今の自分の状況を知っておきましょう。

ただその前に、第一歩として、合格体験記で「人を見る」ということはとても重要なことです。

[3] 本番ではそこまで細かく考える余裕はないので、だからこそ事前に入念にイメージトレーニングしておきましょう。

まとめ

■模試の点数は自分が映った鏡
■模試は可能なかぎり受ける

受験マニアになっても意味ないですよ

第4章

「インプット」

「先生の教え方」で暗記量を減らす

「要点だけ」記憶する

暗記量は少ない方がいい

いよいよ、環境、志望校、ロードマップのすべてが揃いました。この章では、知識のインプットの方法について書いていきます。

さて「知識のインプット」といわれたとき、まず思い浮かぶのが「暗記」だと思います。

最初に言っておきたいのですが、「暗記」をすることは良いことでもなんでもありません。受験に挑むにあたって、少しでも多くのことを暗記した方がいいと思っているそこのあなたは、**考え方が逆です。**

むしろ重要なのは、暗記することをいかに最小限に抑えて、最大限の成果を得るかです。[1]

優秀とは「暗記すべき要点がわかる」こと

実は、優秀な人ほど「ただ記憶する」という面倒くさい作業を割愛しています。そして、「暗記を頑張る」という「自力」に頼りがちな人ほど、効率が悪く成果が出にくいものです。

例えば、英語のテスト前に教科書の例文を全部暗記する、という人がいたとします。

学校の定期試験であれば、試験範囲がせいぜい30ページくらいなので、特

1 知識をインプットする上で、「暗記」の量は少なければ少ないほどよいです。暗記できる能力があるに越したことはないですが、頑張って暗記をしても点数が取れなければまったく意味がありません。

に理解もせず、教科書を機械的に全部暗記するというやり方でも、満点に近い点数を取れるかもしれません。

もちろん、それができる記憶力や根性は素晴らしいですが、しかし、定期試験が終わればすぐに忘れていきます。

さらに試験の3日前から徹夜で覚え出すので、やり方が短距離走のようになってしまいます。

3日徹夜して駆け抜けるように点数だけ取ってまたすぐ忘れる。定期試験で点数を取るだけが目的であればそれでいいのかもしれません。

しかし受験となるとそうはいきません。30ページくらいなら覚えられても、受験英語に出てくる文章すべてを丸暗記することは到底できません。であれば、普段から、英文の構造やそれぞれの単語がもつニュアンス、「英語」という言語自体の特徴など、さまざまなことを意識しながら勉強した方が効率がいいです。でも、そのことには気づかない。**記憶力はあるけれど優秀とは**

言えないとは、こういうことです。

☑「要点」をどうやって知るか

優秀な人は丸暗記をなるべく減らします。小手先の記憶力で手に入れた小手先の知識は、受験では使えないと知っているからです。優秀な人は常に「要点」だけを理解して、それを他に応用することができます。

世界の地理を勉強するときのことをイメージしてみましょう。

ただ、文字面だけ見てひとつひとつの国名を暗記するよりも、実際に地図を広げて、「この国とこの国は隣国になっている」という事実を知ると、それぞれの国名を忘れにくいはずです。国名と位置関係がつながっている状態になれば、気候や産業なども一緒にインプットできて、丸暗記しなくとも、自然と頭に残っていきます。ようは頭の中に知識の地図[2]がある状態です。

[2] しかもこの「地図」は3Dマップだと思ってください。知識を広く深く、立体的にしていくイメージです。

目の前のひとつひとつを丸暗記するのではなくて、その情報の背景を知ることで、全体を知る。そうすることで、要点が見えてきます。世界の地理なら、当たり前ですがその国が世界地図のどこにあるかが重要です。

知識を厚めに入れる

イメージとしては、ひとつの情報に対して「厚く情報をインプットする」[3]ようにしてください。ただ国名を繰り返し唱えて覚えるのではなくて、先ほど言ったように、隣国、歴史、と**つなげて確認するのです**。そうすることで、覚えるべき「要点」がどこなのかがわかってきます。

一見覚えることが増えて面倒に思えますが、一度ストーリーや道筋を知れば、一瞬で覚えられます。「桃太郎」のストーリーは、子供の頃に2、3度

3 自分だけのオリジナルマップを作って、地元のおすすめの場所とかお店を書いていく遊びをイメージしてください。

聞いただけでも、今も覚えているはずです。仲間になったのが、犬が先だったか猿が先だったかは曖昧でしょうけど、そういうところはストーリーや全体には影響しないので、別にいいんです。逆にこれが「鬼ケ島」「キジ」「きびだんご」「桃」といった単語の羅列だけを覚えろと言われた方が難しいと思います。勉強でも同じで、全体のストーリーを把握して、知識を体系立て、地図を作っていきましょう。

☑「広さ」と「深さ」を意識する

この考え方は、僕がクイズ研究会にいたときに身についたものです。当然、クイズは受験以上に知識量が必要ですから、大量の知識を習得しないと大会では勝てません。しかし、僕は特別に記憶力にすぐれていたわけではありませんでした。

このときに行きついた考え方が、ひとつの知識に対してさまざまな知識をつなげ、なるべく「厚く」インプットする、ということでした。

一番簡単な方法は、似た問題をまとめてインプットする、ということです。例えば「『吾輩は猫である』という本を書いた人は誰でしょう」という問題が出るとしたら、その答えである夏目漱石が書いた他の本も5冊インプットする、さらに問題文に出てきた『吾輩は猫である』という本についても、どういう本か把握しておく。[4] ひとつの問題に対して、広さ（＝関連事項）と深

[4] ちょっと例が簡単ですが、実際の大会ではもっと難しい問題が出ます。

さ（＝より詳しい知識）、それぞれを手に入れるという作業です。

これをすることで、自分の中でそれぞれの知識に優先順位ができ、優先順位の高いものから覚えることで、効率よく記憶することができます。

これはいわゆる「暗記科目」に限りません。ひとつの数学の過去問から、解答に載っているAという解き方だけでなく、BやCという解き方もある、と掘っていく。また、Aという解き方は「○○定理」というものを使っていたとして、その定理の背景にある図形的な意味を認識しておく。このようにしていくと、初見の問題でも、解き方が早く多く思いつけるようになります。

ひとつの知識について、周辺のことも知っていく。点で理解するのではなくて、もっと構造的に理解する。それが知識を深めて地図を作っていく作業です。

☑「地図のつくり方」は誰でも知っている

この作業ですが、実はみなさん、好きなことに対してはすでにやっているはずです。

例えば好きなマンガがあったら、その作者の他の作品も読んでみる、アニメ化しているならそれも見てみる、すると推しの声優さんができて、その声優さんの他の作品も見てみる……。気がついたら他の声優やアニメの知識が苦もなくどんどん増えていく。このような経験をした覚えがある人も多いのではないでしょうか。

マンガやアニメに限らず、スポーツでもそうです。野球ファンに「日本のプロ野球チーム12球団どうやって覚えましたか」とは聞かないはずです。「名古屋に中日ドラゴンズがあることをどうしても暗記できないです」なんて言われても、ファンからすればそんなこと当たり前で、覚えるまでもないことです。それは、ファンはこれまでの中日ドラゴンズの歴史を「名古屋に本拠地がある」ことを前提に理解して把握しているからです。

勉強においてもこれを目指していくイメージです。わかっている状態まで行って知識を深めれば、苦しい思いをして覚える必要はなくなります。

まとめ

- 暗記量は少ない方がいい
- 要点だけを覚えるために広く深くつなげてインプットする

「地図記憶術」具体例：鉱産資源

☑ 鉱産資源の分布は「時代」で覚える

ここまで書いたように、知識のインプットは「広く」「深く」することで要点をつかむことが重要です。ここからは、その具体的な例を紹介します。

地理のよくある暗記項目で次のようなものがあります。

●石炭が多く採れる地域
●原油が多く採れる地域

●鉄鉱石が多く採れる地域

「鉱産資源の分布」の暗記です。

例えば、原油が多く採れる地域には、西アジアや北アフリカ、メキシコ湾岸、ロシア連邦、カスピ海沿岸などがあります。

もうわかると思いますが、これらをひとつひとつ覚えていては時間がかかりすぎます。そもそもこの問題は一度の試験に何問も出ません。頑張って覚えてもコスパが悪いです。

そこでまずは、石油とは何かを考えてみましょう

そもそも石油とは何か

←

海にいた生物の遺骸《いがい》が圧力や熱によって変成し、液体になったもの

←

海の生物の遺骸が埋もれたものが採れるということは、古くは海だったが地殻変動により陸になった地域で、現在でも地殻変動が盛ん

←

地殻変動が盛んなので、険しい山脈になっていることが多い

←

地殻変動が盛んで険しい山脈になっている地域を「新期造山帯」とよぶ

←

新期造山帯には「アルプス＝ヒマラヤ造山帯」と「環太平洋造山帯」がある

←

原油が多く採れる地域は、アルプスからヒマラヤにかけての山脈周辺と、太平洋沿いの山脈周辺

つまり、「アルプス＝ヒマラヤ造山帯」「環太平洋造山帯」と「これら新期造山帯は原油が多く採れる」ということさえ覚えれば、西アジア・北アフリ

カ・ロシア・カスピ海沿岸などと**いちいち覚える必要はなくなります。**

また、これらの地域を何の関連性もなしに暗記しようとするとすぐに忘れてしまいますが、「アルプスからヒマラヤにかけて」と「太平洋沿い」で覚えれば、**なかなか忘れません。**

この本を読んでいる方の中には「メキシコ湾岸は原油が多く採れるけど、アルプス＝ヒマラヤ造山帯でも環太平洋造山帯でもないのではないか」と思う人もいると思います。確かにメキシコ湾岸は例外ですが、「原油＝新期造山帯」という記憶の幹をつくっておくと、その枝葉の例外も覚えやすくなります。そもそも今の目的は「より効率的に覚えること」なので、そこまで原則にこだわる必要はないです。


一見関係がなさそうな「新期造山帯」と「原油」をつなげて覚えることができるということがおわかりになったと思います。こんな感じで、知識は使いまわしができます。極力知識を他に使いまわせるように、前もって知識をつなげて理解しておくことが大事です。[5]

[5] ここまで長々と書いてきましたが、この覚え方は先ほどのメキシコ湾岸のような例外が多く、地質年代と鉱産資源にも直接の関連はないことから、現在では使われないこともあるようです。ただ、教科書会社の中には今もこの解説を採用しているところもあり、また「地図で覚える」という意味ではとてもいい例なので、ここでは使いました。厳密さよりも「とにかく効率的に覚える」という意味では、今でも使えるものだと思います。

まとめ

■鉱産資源の分布の覚え方のように、知識をつなげて覚える

「なぜ先生はこう教えているのか」を考える

☑ 先生からは「知識の体系」を学ぶ

頭の中に地図を入れて、それに少しずつ細かく書き込んでいく。これが知識のインプットであって、「暗記」はその方法のひとつでしかないということがわかったかと思います。

ところで、あなたが地図を書き込んでいく上で、何を参考にするべきでしょうか。学校や予備校で知識を教えてくれる先生にも、それぞれの完成された地図、つまり知識の体系があるはずです。知識の地図が出来上がっている人が目の前にいるのであれば、それを使わない手はありません。「他力本願」のチャンスです。

そのために、先生が今解説している、ひとつの情報だけをノートにとって覚えるのではなく、その背景にある、先生の頭の中の知識の体系ごと、吸収するように心がけましょう。「なぜ先生はこう教えているのか」という高次元から考える意識で授業を受けてください。

☑ 教え方がわかれば要点がわかる

たとえ、教えるときに使っている教科書が同じ場合でも、先生はひとりひとり違う人間ですから、それぞれの頭の中の知識の体系はすべて違うはずです。

例えば、予備校や塾の先生が書いた、英語の参考書を見くらべてみてください。

●英文の長さで並べている参考書
●構造で並べている参考書
●それぞれの英文がテーマにしているジャンルで並べている参考書

参考書が1冊ではなく無数にあるのは、それぞれに意図と狙いがあるからです。

参考書にも意図と狙いがあるなら、それを書いた先生それぞれにも意図と狙いがあるはずです。もちろんあなたの担任の先生にもそれぞれはあります。

●この先生はどうやら一単語ずつ正確に訳していくことが大事だと思って

いるらしい。授業中ひとつの文章にすごく時間をかけている。
●でもこっちの先生はひたすらいっぱい読ませてきて、とにかく長文に慣れさせて、細かい訳はそこまで気にしないスタイルのようだ。

「先生は本当のところ何を教えたいのか」を常に感じ取れるようにしておくと、先生の教え方とその狙いを把握できます。

先生の教え方が見えてくると「細かい訳は気にしないこの先生がこのフレーズを強調しているということは、ここはすごく大事なところだということだ」などとわかってきて「ならちゃんと覚えないと」「ここは覚えなくていい」と覚えるべきことを効率的に選ぶことができます。

先生はスポーツでいうなら監督のようなものです。教え方はスポーツでいう戦術にあたります。それを理解しておけば、戦術もわからずただただ走らされている選手よりも、より試合（テスト）でのパフォーマンスも、練習（勉強）の効率も上がるはずです。

ただ、学校ではすべての先生の授業を受けてみて、自分に合った先生を選ぶということはできません。

僕が塾や予備校、参考書などを頼っていくもうひとつの理由が、「自分に合っている先生の授業を受けられる」「自分に合っている参考書で勉強できる」という点です。「勉強スタイルを盗む人には、自分に似たタイプの人を選べ」ということを第1章で書きましたが、これは先生や参考書でも同じことです。ただこの場合はタイプだけでなく、教え方とその目的もあわせて、自分に合った先生や参考書を選ぶべきです。

実際、僕はネットの口コミなどで予備校／塾の評判をよく調べていました。そこで先生ごとの教え方の違いを見て、自分に合った先生の授業を取っていました。

でも、塾や予備校に行かなくても、いろんな先生のいろんな教え方を知ることで、学校の先生が何を主目的として授業をしているのかを知る練習になります。今なら動画サイトで予備校の先生の授業を少しだけ見ることもできます。**教え方にバリエーションがあることがわかるだけでも、今のあなたの担任が何を狙いにして教えているのか少し見えてくるようになります。**

☑ 友達からも地図をもらう

口コミや動画サイトを使って、自分に合いそうな先生を見つけたら、その予備校に行ってみるといいです。しかし、予備校に行けない場合もあるでしょう。あるいは、学校の先生の中には、狙いもメソッドも見つけるのが難しい、という人もいることでしょう。

そういうときは、先生をいったんあきらめて、周りのできる人を探しましょう。先生の地図を見せてもらえないなら、できる友達の地図を借りてみましょう。例えば極端な話、友達が数学の過去問を解いている間、一緒に解いて、「なんで今これやっているの」と逐一聞いてみてもいいです。

大事なのは、**優秀な他人の地図をもらうことです**。なので先生でなくてもかまいません。将棋でも麻雀でも、強い人の横に座ってそのプレイをじっと見ていると気づきがあるはずです。「なんで羽生九段はこの手を指したのか」自分にはわからなくとも、必ずそこに意図があるはずです。[6] それを本人に聞いてみてもいいし、じっくり考えて理解するのもいいです。スポーツでも同じです。

けれど勉強においてはなぜかプレイヤー同士がそのスタイルを学び合うということがあまりなかった。 もちろん、友達同士でそれを教え合うのは手間ですし、仲が良くないとできません。だからこそ第1章で書いたように、同じ目的の友達を作るのが重要です。

6 将棋では「棋譜並《きふなら》べ」、麻雀では「牌譜検討《ぱいふけんとう》」という勉強法があります。

まとめ

■先生から「知識の体系」を学ぶ

■先生の教え方の意図がわからないなら、友達から学んでもいい

参考書の選び方

☑ベテランち流・参考書選びのコツ

丸暗記に頼らず、他人の知識体系、地図を使わせてもらうことの重要さについて書いてきました。これが、この章での重要な「他力」でした。これを自学自習に応用するなら「参考書の選び方」になります。

ひとりで勉強するときは、同じく丸暗記頼みにならない参考書、というものを選んでいくといいです。

例えば、極力シンプルな参考書を選んでみましょう。派手なキャッチコピーがついてない、難しい問題だけシンプルに詰め込まれた、言ってしまえば、地味な感じの表紙の参考書です。キャッチーなコピーがついたものは、中身も、飽きさせないようキャッチーな言葉で説明していきますが、修飾語がかえって邪魔になってくることが多いです。[7]

他にも、例えば数学の場合だったら、「解答のあとの解説文が長いもの」を選ぶようにするといいと思います。先ほどできる友人や、先生の頭の中の地図を拝借する大切さを書きましたが、それは、答えそのものを知るより、答えに行き着くまでの過程を知ることが大事ということです。参考書においては「解答の解説文」は長ければ長いほど、答えに辿りつくまでの過程を丁寧に解説してくれています。僕は『入試数学の掌握』（エール出版社）とか『世界一わかりやすい京大の理系数学合格講座』（KADOKAWA）を使っていました。つまり「深さ」のある参考書を選ぶ、ということです。

あとは、数学だと別解が載っているものもすごくいいです。「こういう考

7 この部分は僕の趣味が反映されているので、参考程度にしてみてください。

え方もあります」と別の思考のルートを教えてくれます。これは先ほど書いた言葉では「広さ」です。本筋と離れてもうんちくが多い方が、知識も広がり、あなたの地図もさらに拡大していくからです。なので、僕は東大の過去問は赤本ではなく、鉄緑会から出ているものを使っていました。

英語の場合はどうか。まず単語帳でいえば、例えば1000語レベルの英単語が覚えられない場合、その1000語の単語帳を何周もするのではなく、**次のレベルの1800語の単語帳に挑戦してしまうのがいいと思います。**1800語やっていれば、1000語のなかの単語も含まれているし、なんならさらに上の2400語を覚えていけば、気づいたら1000語なんて、あっという間、当たり前に知っているレベルの知識になっていきます。自分のレベルよりちょっと上のものを用意していってレールを敷き直していくイメージです。これが「厚くインプットする」ことの一例です。

僕の場合は、同じ単語帳を3周するより、同じ単語が載っている違う参考書を3種類やる方が効率的だと思ったので、いろいろな単語帳を使うようにしていました。同じ単語帳だと、**順番とかページの折れ方とかで「あ、これ見たことあるな」と、覚えてしまうかもしれません。**それだと知識にはなりません。「見たことあるな」の時点で、「単語帳内の位置」を覚えているだけになります。単語帳で見て覚えているからいける気になっても、テストで全然わからなかった、という経験がある方も多いでしょう。僕はそれを防ぐために、参考書も過去問も、毎回違うものをやっていました。[8]

個人的には東大受験で一番スタンダードな『鉄緑会東大英単語熟語　鉄壁』（KADOKAWA）という単語帳はあまりにみんな使っていてつまらない気がして、あえて別の単語帳でも勉強するようにしていました。例えば、東大の過去問から単語をセレクトしている『東大の英単語』（教学社）や、英文を読みながら覚えていくスタイルの『話題別英単語　リンガメタリカ』[9]（Z会）という単語帳を使っていました。とにかく飽きないようにいろんなものを買っては使っていく感じ。英文は、受験英語の参考書ではなくて、英語の新書を見てみたり、トランプ前アメリカ大統領の演説集を読んだり、な

8 ただこれは自分の賢さとか吸収する力に自信がないとできないことなので、人によって向いている方法はまちまちです。

9 これの同シリーズの『テーマ別英単語ACADEMIC』（Z会）も使っていました。

るべく見るものの幅を大きくしていくことを心がけていました。[10]

結局は、人それぞれ

ここまで一見ハイレベルな参考書を紹介してきました。けれど、苦手な化学に関しては、実を言えば、**高校3年だったのに中学生の問題集をやっていたこともありました。**

さっき、「解説が多い参考書がいい」と書きましたが、この化学の問題集は教科書の内容を穴埋めノートにしただけのものなので、解説はまったくありません。問題集といっていいのかもよくわかりません。でもハイクラスな参考書と組み合わせて使うことで、苦手だった化学も得意になっていきました。

丸暗記は必要なくても、問題を解く回数、経験値を増やしていくことは大事です。そのために、量を稼ぐという意味でこれはおすすめです。高校生な

[10] ただ、こと暗記、特に単語となると、同じものを反復して使うということも重要な気がしています。

のに、中学生の問題集を使うことは、少し恥ずかしいと思うかもしれませんが、勉強には人それぞれのアプローチがあります。別に恥ずかしいことではないです。むしろ基礎を固めていける堅実な方法です。

僕は、前提として「量より質をとるべき」と考えています。ただ、「質を高めるために量を稼ぐ段階も必要なことがある」ということも頭に入れておいてください。

問題をひとつひとつ丁寧に解くことは重要ですが、そもそも問題のパターンにはどのようなものがあるのか、どういった解法で解くべきなのか、といったことは「量を稼いで何回も試す」ことも有効ではあります。そして、それしか手段がないときもあります。そうした場合に、「量を稼ぐ段階が必要なこともある」と知らなければ、「丁寧に解く」以前に解くこと自体ができません。

とはいえ、念のために言っておきますが、「量を稼ぐ段階」に固執し続けるのもまたよくないので、そのバランスには常に気をつけてください。

「量か質か」の説明がこみいった話になりましたが、要するに参考書の選び方もその人の状況次第です。それでもここまで丁寧に書いてきたのは、「自分の状況を客観的に正確に読み取り、それにあわせて適切な参考書を選ぶ」ということを多くの受験生がやっていないからです。

多くの受験生が、学校や塾で使っている参考書をそのまま使っているでしょう。また、「大は小を兼ねる」と思って、ハイレベルなものにいきなり手を出す人も多いです。

参考書もまた頼るべき「他力」です。頼るなら、まず自分に合っているかしっかりと見極める必要があります。

まとめ

■参考書は自分の状況に合わせる

■自分の状況を正確に読み取る

ときにはぼんやりインプットを

☑ベテランち流・インプット法

僕はかなり飽きっぽいので、あらゆる方法で飽きないインプットの方法を模索してきました。

先ほど言ったように、英語なら、ひとつの単語帳にすぐ飽きてしまうので、1回1回別の単語帳を使っていましたし、数学なら浪人時代は駿台に在籍しながら河合塾の夏期講習を取り、先生や予備校ごとでの違いを感じながら、なんとか飽きないようにやってきました。

数学の場合は1時間ひとりで問題を解くより、予備校の講義を受けた方が情報量も多いので、インプットできるものも多いと感じていました。

英語に関しては、覚えた単語を書き出していってさらに理解を深める、スペルを覚える、みたいな作業をしている人もいましたが、これも僕は退屈すぎて苦手でした。駅から家までの道のり、15分間を漠然と単語帳を読みながら歩いていたり、他の勉強で疲れたときに休憩がてら読んだりしていました。

先ほど、体系立てて覚えて地図を作れ、丸暗記なんてするなと言っていましたが、**実際は漠然と単語帳を見ていました**。でも単語帳の見方も、ただその1単語を見つめているのではなくて、例文をずっと読んでいました。例文を読んでわからない単語があったら、単語の解説を見る。意図や方針があるなら、そうした漠然とした作業もあっていいと思います。

これはさっきと書いている内容が矛盾するようですが、人間ずっと集中することはできません。体系立てて理解する、という感覚だけ持っておけば、ぼんやりインプットする時間があってもかまいません。あとは、東大受験の場合、英単語の出題は穴埋めが多いので、体系立てて理解していれば、なんとなくでも答えられるということもあります。戦略にあわせて、オンオフを意識しましょう。

しかし、なんとなくのインプットでは難しいのがリスニングです。特に、東大入試のリスニングはなんとなくではまったく身につきません。

よく、日常的に聞き流していれば、自然と聞きとれるようになる、とかいいますけど、**それは絶対嘘です**。あなたが生まれたての赤ん坊ならともかく、この本を読んでいる人なら10代、もしかすると20代以上の人もいるでしょう。そんないい大人が聞いているだけで外国語がすべて理解できるようになる、ということはありません。[11]

僕はひたすら東大英語リスニングの過去問をやって、量をこなしました。

11 Helloとか簡単な英語ならまだしも、さすがに英語の文章をすべて理解できるようにはなりません。

東大入試では、１２０点満点で30点分、リスニングが毎年同じ形式で出るので、点数にも直結する分野でした。単語はちょっと手を抜いておいて、リスニングで本気になる、という戦略をとったのです。
どこが点数に直結するのかしっかりと考えて、無駄なところに時間と労力を費やさず、メリハリをつけることも大事でしょう。

まとめ

■たまには脱力してインプットしてもいい
■オン／オフの切り替えは明確な理由をもって

無理をしないためのインプット環境

インプットでも環境づくりが活きる

僕は、基本的に怠惰な人間なので、何かひとつのことをがむしゃらに頑張るということはできません。そんな自分を知っているので、無理をして頑張らなくても、いつのまにか頑張っている、という環境を作ることを意識していました。

第1章でも書きましたが、ひとつは、他人に頼る、いわば外堀から埋める、ということです。「単語帳を毎週10ページ覚える」というルールを友達と共有し、やらなかった場合は翌日その人にアイスを奢る、でもいいので、他人に強制してもらいましょう。

もうひとつは、**習慣化**することです。

多くの高校生は、時間が少し空いたら、SNSを見たり、スマホをチェックすると思います。空き時間ごとに、例えばファッションのアカウントをみていたら、なんとなくファッションに詳しくなっている。サッカーのアカウントをフォローしたら、なんとなく毎日の試合結果を把握している。その勉強版をやっていきましょう。

空き時間になんとなく英単語帳。ストイックかつ普通な方法ではありませんが、先ほど書いたように、この英単語帳チェックは漠然とで大丈夫です。SNSも、別に血眼で見ていないのに情報が入ってくるのと同じです。そのテンションでかまいません。[12]

もし単語帳が退屈だったら、洋書の小説とかマンガでもいいかもしれませ

12 ただし、オフばっかりにならないのが非常に大事です。

ん。エネルギーを全投入できなくても、勉強のスイッチはオフにしない、そんなイメージです。

まとめ

- インプットでも友達とルールを共有する
- インプットの習慣化ができる態勢を整える

他力でインプット効率を上げましょう

第5章

「アウトプット」

解くこと自体に意味はない

アウトプットの本質

確かな知識にするためのアウトプット

ここまで、知識をインプットする方法について書いてきました。インプットしたら今度はアウトプットをする番です。

何か、情報を得たとき、「ああ、それ聞いたことある、知っているかも」と思うことがあると思います。けれどそれは、その情報の本質については理解しておらず、「なんとなく知っている」だけの状態であることが多いです。

これではまだあなたの知識とは言えません。試験でそれについての問題が出ても、解答できません。

「聞いたことがある」程度のことを、本物の「知識」にするために、アウトプットが必要になります。当たり前のことですが、自分が知識を使えるかどうかは、実際にアウトプットしてみて確かめるしかありません。だから、情報をたくさんインプットしたら、今度はアウトプットできるかを、確認する作業をしなければなりません。

アウトプットの結果は重要ではない

この後、実際にアウトプットの方法を具体的に紹介していきますが、その前に前提として覚えておいてほしいのは、アウトプットの結果はさほど重要ではないということです。

- 答えが間違っていた
- 友達に間違いを指摘された

こういったことは、その場では恥ずかしいかもしれませんが、受験の目標は本番で正しくアウトプットできることです。ふだんからすべてのアウトプットが間違いないようにする必要はありません。

むしろ、アウトプットに至るプロセスを見ましょう。

- 答えが間違っているが、思考のプロセスのどの段階で間違ったのか
- 答えは合っているが、思考のプロセスの中にミスはなかったか

こういった振り返りの材料を作り出すことがアウトプットの本質です。
なので、アウトプットしているときは、無駄に悩み過ぎず、現在の自分の状況が正しく書き起こせるように心がけましょう。

まとめ

- 人間はアウトプットできる知識しか使えない
- アウトプットは振り返りの材料づくりに過ぎない

アウトプットの基本：問題を解く

☑ 初見の問題を解く

アウトプットの基本的かつ最も重要な方法は、問題を解くことです。

僕の場合は特に「とにかく初見の問題をひたすら解く」ということを重視していました。先ほどのインプットのときの単語帳と同じで、何周もしている問題集だと、ページ数とか、過去の自分の書き込みから、解き方や答えを思い出してしまう場合があるからです。だから、なるべく純粋に、初めて見る問題をたくさん解くことがいいと思います。

「どの手段を使えば問題を解けるか」と考えることは、これまでインプットした知識をかき集めアウトプットするということです。

「これは、もしかしたらあの問題と同じ手法で解けるのではないか？　いや、違うな……そもそもあの問題の解き方はこうでよかったか……？」

となれば、「あの問題の手法」について自分が実は理解していなかったことに気がつけます。あとは「あの問題の手法」を再度インプットし直す作業に戻って、また問題を解いて、を繰り返せばいいのです。

インプット偏重は危険

インプットばかりして、アウトプットをせず「俺、数学は大丈夫」などと、わかった気になっている状態が、受験にとっては一番危険です。初見の問題をたくさん解き、自分のなかに、使える知識がしっかり蓄積されているか、確認作業を行いましょう。先ほども書きましたが、結局、問題を解く際に、一番大事なことは、答えが合っているか合っていないかではありません。もちろん本番だけは、それが一番大事ですが、そこに向けて解くすべての問題の正誤は、いちいち気にしなくて大丈夫です。[1]

一番大事なことは、間違いを分析して、解説を見てもう一度インプットし直すことです。また、合っていた場合でも、同じように必ず解説をじっくり見直してください。「あれ、こんなに簡単な解き方があったのか、自分は遠回りしていた」ということを発見できる場合があるからです。

一問一問の正誤にいちいち喜んだり悲しんだりしないで、そのリソースを自分を分析することに使いましょう。野球のバッティング練習で、一球一球「打てたー!」「打てんかった〜」と言わないのと同じです。普通は「もっと腰入れるか?」「バットの持ち方変えてみるか?」などとフォームを確認しながら打つと思います。バッティング練習で一球一球はしゃいだり落ち込んだりしているプロ野球選手なんてイメージできないですよね。その一喜一憂の時間でもう一度バットを振れるはずです。

[1] とはいえ、結局普段から答えを合わせることを意識しないと本番で合わないことも多いので、解くときの心構えはいつも本番の気持ちでやりましょう。正誤を気にしなくていいのは、振り返りのときだけです。

問題は敵ではない

あなたが今解いているその問題は、倒したら終わりの敵ではないのです。むしろ、今の自分の状態を知る、病院の問診票みたいなものだと思ってください。[2]

問診票なら、心がけるのは素直に丁寧に書くことです。わざわざ病院へ健康診断に行って、「俺、健康です」とアピールして嘘の問診票を書く人はいないですよね。それを無理して「デキるアピール」するのは、健康診断前だけ痩せようとする人と同じです。

答えが合っていても合っていなくても、それがあなたの今の状態。重要なのは、出てきた結果をもとに正しく次の戦略を練っていくことです。

[2] これはテストや模試でも同じことが言えます。

まとめ

■初見の問題をひたすら解くのがおすすめ

■問題は今の自分の状況を反映しているだけ

フィードバックノートをつくる

☑ ミスの原因を振り返りで探る

ここからは具体的に、僕が初見の問題をどのように解いてアウトプットしてきたかを紹介します。

僕は、数学の場合、東大の過去問を実際の試験時間150分を測りながら解いていました。[3] できるだけ本番に近いかたちで解き、**1回1回の答案用紙、計算用紙は必ずすべてとっておきました。**それをもとにあとで「フィー

3 だいたい30年分解いていました。それ以上古いものだと傾向が違い過ぎて参考になりづらかったからです。

ドバックノート」というものを作っていました。これがめちゃくちゃ重要です。１５０分で解いて、60分解答を見ながら振り返って、このノートをつけるまでが僕にとっての「過去問をやる」のワンセットのイメージです。

この数学「フィードバックノート」は、解いた過去問一問一問、解説と照らし合わせて、どのように解いたのか、解けなかったのか、解答用紙のサイズと同じB４サイズの紙に書き込み、そのときの問題・答案・計算用紙と一緒にクリアファイルに綴じていました。６問１５０分をやりきったら、その総評も自分でつけます。「この問題から解き始めたけど、ここで時間を食われたから、先に解きやすそうなこっちの問題をやっておいた方がよかった」とか、「ここで満点取れてるけど、これは最悪できなくてもいいから、こっちの問題の方が本当はできないとおかしい」とか、将棋で言う感想戦みたいなものです。[4]

また、計算間違いで不正解となっていた場合でも「ああ、計算ミスか」と

4 後で詳しく書きますが、これをすることで、普段の問題集を解くことでは得られない「シミュレーション」としての効果があります。「一問一問の出来だけではなく、１５０分の時間の使い方や、メンタル面まで意識して鍛えられるようになります。

ただ思うだけではなくて、どの部分のどの計算で間違ったのかまで把握して記入しておくようにしていました。「この積分の式をいちいち計算してミスしてたけど、これよく見たら簡単な式にできたな、簡単な式だったらミスらなかったってことだな。あえて自分で式を難しくして失敗していた」など、普段は気づかない発見が計算ミスの裏には実はかなり潜んでいます。逆に「本当はひとつずつ計算しないといけないのに、楽しようとして省略して間違えていた」[5]ということもあります。とにかくミスはできるだけ細かく特定して記録していきましょう。

このフィードバックノートにまとまったものを後で振り返ると、問題の解き方のコツと本番で使える実践的な戦略がびっしり詰まったものになっているはずです。特に後で紹介しますが、受験直前の時期は、このフィードバックノートが大いに役立ちます。[6]

5 計算ミスの多くは、計算自体の正確さ以上に、その計算の準備段階に問題があることが多いです。

6 第1章で書いた「肌感覚」のようなものが、ここにある一個一個の知識からなんとなく浮かび上がってきます。

☑ 解答は見やすく

このノートを作るために、非常に重要なポイントがひとつあります。

解答は、見やすい字で書きましょう。

基本的なことですが、これは絶対守ってください。あとになって自分で解答用紙を読み返して、それをもとにノートに書き込んでいくことになります。自分の字が見づらくて自分で読めないと、**思った以上にかなりムカつきます**。それで振り返りのやる気が削がれてしまったら、せっかくの準備がすべて台無しになります。

「天才はみんな字が汚い」とよく言われますが、そういう人は特殊なだけで、字を汚くしたら成績が上がるわけではないです。[7]

[7] 本末転倒です。

まとめ

■フィードバックノートでミスの原因を分析

■振り返りしやすいように、解答は見やすく

過去問を解くペース

☑ 過去問のペースは振り返り重視で決める

僕は高校３年の春という比較的遅い時期に、本格的に受験勉強を始めました。

もともと数学が苦手だったこともあって、夏の時点で過去問には到底歯が立ちませんでした。

けれど、自分がどれくらい解けるのかという情報が欲しかったので、できなくても一応１５０分測って解いていました。

ただこの時点では、アウトプットよりもインプットが優先だと考えて、過去問を解くのはごくたまに[8]、というくらいにしていました。まずは基礎的な問題集でも学校の教材でも地道なインプットを重視することにしたわけです。

9月くらいからは徐々に過去問に立ち向かえるようになってきました。このように、ある程度知識が増えてきたと思ったら、1週間に2回くらい、そして本番が近づくにつれペースアップをし、最終的にはセンター試験が終わってから本番まではほぼ毎日過去問をやっていました。

過去問を解いたら、必ずフィードバックノートを作るので、ほぼ毎日問題を解いていた本番に近い時期だけは、解いては振り返り、解いては振り返りを繰り返していました。

[8] 6月ごろから2週間に1回程度数学は手を付けていました。理科はもっと遅く、英語はもっと早く過去問演習をしていました。

☑ 同じ過去問を何度も解かない

また、よく「3年前の過去問を30回解きました」という人もいますが、僕は基本的に、一度解いた問題はもう時間を計って解くことはしませんでした。150分かけて同じ問題を解くより、30分フィードバックノートを見返して、一度解いた問題のコツを思い出す作業を5回繰り返した方が、知識として定着すると思っていたからです。

問題を解くときは、必ず初見の問題に挑む。一方で一度解いた問題を確認するときは、このフィードバックノートを確認する。何度も言いますが、メリハリが大事です。

まとめ

■過去問をいつどれくらい解くかは、上達度合いによって決める

■同じ過去問を解くより、フィードバックノートを見返す

自分のマネージャーになる

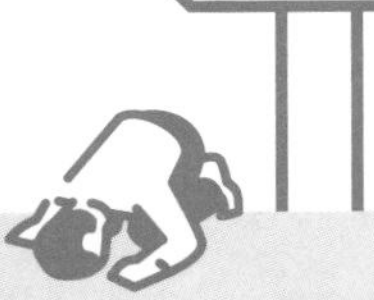

☑ 自分を客観視する

ここまでアウトプットのことを丁寧に書いてきたのは、自分で自分を客観的に見られるようになるためでした。アウトプットの結果を振り返るときには、自分を客観視できていることが理想です。そのために、自分の「受験勉強マネージャー」になるようなイメージを持ってください。

アスリートには、その人を客観的に見て、その強み弱みを把握したコーチや監督がいます。強い運動部には、選手ひとりひとりの特性や性格を理解したマネージャーがいて、飴と鞭をうまく使い分け選手を叱咤激励します。強い人には、自分を客観的に見て修正してくれる他人がいるのです。

受験の場合も、そういう他人がいてくれればいいですが、なによりも、自分が自分のマネージャーになってしまうのが、一番効率が良いです。塾の先生や友達にアドバイスをもらうことはもちろん大事ですが、24時間365日一緒にいてくれるわけではありません。優秀なマネージャーですら、そんなにサポートしてくれません。だったら自分自身がマネージャーになってしまえばいいんです。

そのために先ほどのフィードバックノートが役立ちます。

「この計算、ミスしやすいから、本番では必ずダブルチェックしよう」
「この分野の問題をできるようになりたいって言ってるけど、でもこっちの分野の方が弱いから、まずこっちから始めよう」

などなど、情報がつまったノートを見ると、優秀なマネージャーのように客観的に自分を分析できて、自分を修正する手掛かりになります。

☑ マネージャーとしての能力を磨く

ここまでずっと、他力本願を語っておいて、終盤でマネージャーとプレイヤー1人2役のハードワークを課すベテランち。なんだ話が違うとか思っていませんか？

いいえ、違いません。

このマネージャーは、実はこれまであなたが接してきた他人から出来上がっているからです。

成績優秀な友達を見てきて、その勉強法を自分にどう活かせるかずっと考えてきました。先生の頭の中にある、各教科の「地図」をもらってきました。

それは全部、このマネージャーである自分が蓄えています。そして優秀なマネージャーが、プレイヤーの自分がやるべきことを提示してくれます。

大学受験では、試験問題が解けるように必死に勉強することが大事だと思われがちです。しかし、極端なことをいえば、受験のプレイヤーとしての自分を鍛える時間よりも、このマネージャーとしての自分を構築する方にリソースを割いた方が効率的なくらいなんです。

だから、最初に戻りますが「目標を決めて」「道筋を決めたら」マネージャーとしての自分の能力を高めていくことを第一に考えた方がいいです。

ただがむしゃらに勉強だけを続けるより、1冊の赤本30周するより、

「ベテランちさん、数学できるようになってきたから、今はそこに集中させよう。地理はあとでいい」

とか

「ベテランちさん、飽きっぽいから予備校ひとつだけじゃなくて、夏期講習

は他のところに行かせよう」

とか、考えて動く方が、効率的です。プレイヤーとしての自分より、マネージャーとしての自分を鍛えていれば、高3の5月まで寝てても東大理Ⅲに合格できます。自分のなかの「マネージャー」という「他力」にお願いして、効率よく勉強するようにしましょう。

まとめ

■自分を客観視するために、常にマネージャーの視点を持つ

アウトプットも他人に頼る

振り返りはメタ的な他力本願

察しのいい方は、ここまで読んできて「この章は、アウトプットがメインテーマではない」ということにお気づきかもしれません。本当のテーマは「振り返り」です。良質な振り返りが良質な次のインプットを生み出します。

しかし、完璧に客観的な自己反省ができるほど、ほとんどの人間は優秀ではありません。ですが、他人のことになると悪いポイントが目に付くものです。ここでアウトプットについて詳しく解説しているのは、いったん自分の状態を自分の外に出すことで「他人」化させ、悪いポイントを見つけやすくするためです。なので、**「メタ的な他力本願」**といってもいいです。他力本願でインプットした知識をアウトプットする、ということを先ほど書きましたが、アウトプットにはもうひとつこの他力本願要素があります。

とはいえ、メタ的で抽象的なことを考えるのは難しいです。いくら解答を振り返るだけだからといって、客観的には見れないものです。

☑ 他人に話すアウトプット

そこで、本当に他人に頼るアウトプットがあります。それは、**友達と話すことです。**

例えば友達に数学の解き方を聞かれて、「ここはな、こうして、こうして……ほらな」と教えると、ますますその問題への理解度が深まったように感じたことはありませんか？

これが、アウトプットがうまくできた瞬間です。

でも、この説明は、うまくできなくても大丈夫です。

逆にうまく説明できないと気づけたら、それもチャンスです。

「お前、こんなんもわからんのか？　アホやな。ここは、こうして、こうして……、あれ、違うな？　なんでだっけ？」

それまで自分はその問題を解けると思い込んでいたけれど、友達と話してみたことによって、全然理解していなかったことに気がつけました。[9]　であれば、またインプットし直せばいいだけのことです。

これは、問題を解いたり過去問を解いたりしたあとで行う振り返りと同じで、自分の弱点を洗い出す作業になります。場合によっては、自分で行う振り返り以上に弱みが見つかります。

9 ちなみに、そもそも問題集を使う目的は「問題を解いてみることで理解していない部分をみつける」ことです。漫然と問題を解いて正解／不正解で一喜一憂する人も多いですが、本当の目的はこれと同じです。

例えば、友達と話していて「え？　この場合はどうなるの？」と思いもしなかった質問をされることがあるかもしれません。

「こういう問題、理解していると思っていたけど、確かにこの場合はどうなるのか」

と思ったら、それも理解しきれていなかったということ。そこに気がつけたなら、ラッキーです。

逆に、自分よりもできる人の意見を聞くのも非常に重要です。「いや、それの答えはこれやで」とか「それ、もっと簡単な解き方あるで」などと、教えてもらえるかもしれません。[10] もしそうなれば、友達にとってもアウトプットのよい機会になり、あなたも簡単な解き方を教えてもらえて、どちらも得します。アウトプットにも他人を使っていくべきです。

むしろこの発見は、アウトプットをしてみないとできません。ある程度、勉強ができるようになってきた、と感じるのであれば、問題を解いたり、友達に教えたりして、**頻繁にアウトプットを重ねて確認していくべきなのです。**

⑩ こういう口頭での意見交換は「肌感覚」が伝わりやすいというメリットがあります。

☑「添削」で分析も他力に頼る

アウトプットして、他人を頼って振り返りをする方法を先ほど紹介しました。

他人に話す以外にも方法があります。他人に答え合わせをしてもらいましょう。

ただ、解答に漫然とマルとバツを他人につけてもらう、もちろんそれではなんの意味もありません。

「君はここをよく間違える」

「こことそこが、そもそも混同してない？」

などと、添削をしてもらい、自分の解答を他人がどう読むか、を知ることが大切です。それを意識して添削を読めばそれは自分では気づけなかった重要な情報を得られます。

僕は主に英語と数学の答案に関して、数人の先生と、2つの塾を頼って添削してもらっていました。数学のフィードバックノートは、自分で書いた振り返りに、さらに添削の結果を追加して、両者を照らし合わせて検討していました。英語のこのノートは、他人に添削してもらった解答をクリアファイルに綴じて作りました。英語はどれだけ自分で考えても、英語ができる人、突き詰めて言えばネイティヴの感覚が正義だからです。

もちろん、自分で先生と同じくらい完璧な添削ができるようになるのが最終的な目標です。でも最初は、自分ひとりで客観性をもって添削するのは難しいでしょう。だからその部分を「他力」に頼る、それが解答を添削してもらう、ということです。

あなた自身が友達の解答を添削してみるのもよいです。そもそも自分が何を理解しているのか、確認する機会になります。

正解が多い友達がいれば、「こういう考え方もあるのか」と刺激になります。

逆に間違いの多い答案は、ミスのパターンの把握につながります。

自分が添削をしているとき、実は自分のインプットとアウトプットを同時に行っているんです。[11]

まとめ

■振り返りを他人にゆだねる

■話すとうまくいかない場合は添削で

[11] 大学に入ってから添削のバイトをやっていたのですが、英語以外はこれ以上別に上達したいとは思わなかったので、英語だけ添削していました。

他人の意見は切り捨てることもある

ここまで、他人の意見を吸収して戦略を練ってきた僕ですが、逆に他人の意見を切り捨てることもあります。先ほどまで「添削してもらう」「客観的な目線」などと書いてきましたが、他人からの意見を吸収するにも、自分なりの基準はある程度必要です。

「この問題集をやれ」というアドバイスに対して「面倒だから」「サボりたいから」など、不純な理由で切り捨てるのはダメですが、「睡眠時間を毎日

8時間は死守しないと体調に悪い影響が出る。だからこの問題集は量が多すぎて1日のかなりの時間をもっていかれる。ならもっと簡略化したものをやりたい」など理にかなったものならかまいません。

先生がいくらこうしろと言ってきても、理由が明確にあって、自分の基準の外にあることならば、切り捨ててしまいましょう。

「他力本願」には「取り入れる」のと同じくらい「捨てる」ことが重要です。すべての「他力」に頼ることは不可能です。自分に合っていない意見を捨てられるかどうかで、効率は大きく変わってきます。

「捨てる」ことは、実は頭を使うし疲れることなので、できない人が多いです。それでも、あなたが合格までのロードマップを描けているなら、他の受験生とはまったく違う戦略をとってもかまわないのです。

他人の意見を取り入れるも、切り捨てるも、結局自分のロードマップを描けているかどうか次第です。ロードマップが描けていない状態で、漫然と先生の言うことだけを聞いていても、自分の知識には結び付きません。合格までのロードマップを描いて、他人から何を取り入れるのか、取捨選択していくことも大事だと思います。

☑ 英語のリスニングを、完全に捨てた男

僕の友達に「Iくん」という人がいます。そいつは、東大理IIに現役で合格しましたが、とにかく英語が苦手で、なかでもリスニングができませんでした。そこで彼がとった選択は「完全にリスニングを捨てる」というものでした。

東大入試の英語リスニングは30分間、4択の選択問題です。選択なので何も聞いてなくても1／4の確率で正解します。彼は30分間のリスニング音声をいっさい聞かず、その時間で違う問題を解いたり、見直したりしていまし

た。

その結果、英語は120点満点中の30点。もちろん点数は低いですが、リスニングを真剣に聞いていたら25点だったかもしれません。さらにもともと英語の点が低くても他で取ることに集中して勉強していたので、現役合格を果たしました。

確かにリスキーな方法ではあります。先生や親に、このやり方で受験すると相談していたら、確実に止められていたでしょう。しかしどんなに頑張って時間をかけてもできないものがあり、一方で頑張れば必ず飛び抜けてできるようになるものが明確にあるなら、戦略としてはありです。「何を取り入れるか」「何を捨てるか」の選択次第で、合否が決まることもあるということです。

なので、Iくんのようなやり方をとっても、理由があるのであれば大丈夫です。とはいえ、彼はその後英語の苦手さがたたって、3留の末大学を辞めてしまったのですが……。

☑ 高3の11月まで未着手だった地理

かくいう僕も、**高校3年の11月まで、社会を捨てていました。**

そもそも高校の授業は日本史を選択していました。しかし、僕は日本史に対してやる気がまったく起きませんでした。なのでやる気のある数学や物理から仕上げていって、日本史は最後に集中して仕上げようと思っていました。ところが、気づいたときには既に10月。日本史をきちんと勉強するには、**時間が明らかに足りませんでした。**

そこで編み出した秘策が、センターの受験科目を、**授業をとっていなかった地理に変更する**、というものでした。なので、11月まで地理を捨てていたわけです。

しかし、たとえ初めから日本史ではなく地理を選択していたとしても、その知識のインプット、過去問を解いたり、確認したり、という作業は、本番まで続けないといけません。その時間を僕は数学にあてたかったのです。なんたって僕には1日6時間の勉強時間しかありませんから。

そして11月にやっと基本的な参考書に手をつけて、1月のセンター試験まで2ヵ月。それでも結局100点満点中77点取れました。地理を後回しにして、先にやるべきことをやったことで、本番でうまく点数を取ることができました。これも、他の人に相談していれば止められたかもしれませんが、戦略をうまく機能させられたのです。

☑ 参考書だって、乗り換えていい

切り捨ててもいい、それは参考書にも言えます。1冊買ったらちゃんとやり切らないといけない、むしろ2周3周しないといけないと言われがちです。しかし、ここでも自分の中の明確な基準と外れているなら、途中でやめていいです。ちゃんと合うものを探して使ってください。

買ったのにもったいない、と思うかもしれませんが、せいぜい1000円ちょっとです。もちろん親に買ってもらった、あるいは、あなたがバイトして買った、大切な参考書ではありますが、**浪人して予備校に通うことになれば、さらに50万円以上かかります**。それに比べれば安いです。ただ、だからといって、前にも書いたように「参考書マニア」になって自分で手を動かすのを止めてしまわないように気を付けてください。それでは結局不合格になってしまいます。

とにかく、戦略的であれば、どう勉強していってもいいです。先生がこう言っている、親がこう言っている、ふつうはこうする、という先入観は、迷ったときは捨ててください。他人よりも自分の方が圧倒的に大事です。「他力本願」というのは、他人の言うことをそのまま受け入れることとは違います。ただし、どんな他人よりも、自分で自分のことをよく理解しておくことが前提ですが。

まとめ

- 理にかなっているなら、突飛な戦略でもいい
- 参考書は乗り換えていい

本番のイメージトレーニングはアウトプットで済ます

アウトプットのもうひとつの意義

先ほど、僕が過去問を解く際に、初見の問題にこだわっていたと書きました。これにはもうひとつ理由があります。それは、なるべく本番に近い形で毎回問題を解きたかったからです。

本番では、初見の問題にいちいちビビってはいられません。初見でも、インプットしてきたことを応用すれば必ず解けるはずです。そのことを知っておく、つまり本番当日のシミュレーションも日々問題を解いているうちに行っておくことが大事だと考えたからです。

勉強慣れしてきたり、解いた問題が多くなってきて、フィードバックノートを見返す時間が長くなってきたりすると、だんだん時間を測って過去問を解くという作業が億劫になってきます。けれども過去問を解ききるまでは、この「試験本番感覚」を磨くために、サボらず定期的に行ってください。過去問を解ききった後は、模試でもいいと思います。僕も、過去問が25年、30年分すべて解き終わったあとも、東大模試の過去問を解くなど、東大形式の演習にこだわって取り組んでいました。

毎日壁打ちしてテニスの技術を磨いている人でも、試合だと思いがけない球が返ってきて、普段冷静なのにパニックになるということがあります。これと同じことが本番で起きては終わりです。

インプットとアウトプット、メリハリをつけて両方定期的に行うことが、どのジャンルでも有効です。

この章では、いくつか過去問の解き方を紹介してきました。ただそれは、あくまでアウトプットの一環としてのものです。過去問演習を行うときには、さらに注意するべき点があります。それについては次の章で紹介します。

まとめ

■アウトプットのときに本番のイメージトレーニングをする
■本番の感覚を失わない

第6章

「試験」

「システム」の力でミスを減らす

「テストのパターン」を見る

試験本番も他力本願

さて、ここまで「他力本願」[1]で勉強に取り組む方法を紹介してきました。
この章では試験本番でも使える「他力本願」のテクニックを書いていきます。

前の章で、習慣的に過去問を解いて、試験本番をイメージすることが大事だと書きました。そのように過去問を解いていると、徐々にテストの構造・パターンが見えてきます。

1 略して「たりほが」。

東大入試の数学ひとつをとっても、確率の問題が難しい年、微積分の計算がヘビーな年、などさまざまなパターンがあります。普段の演習から本番を意識して過去問を解いていれば、さまざまなパターンがなんとなく頭に入った状態で、試験当日を迎えることができます。本番というのは雰囲気も特殊なので、人によっては実力が出し切れないケースもあります。しかし、事前に「このパターンの場合は、こういう風にアプローチする」という経験が蓄積されていれば、何が来ても焦る必要はありません。

「確率がめちゃくちゃ難しいな。でもこういう年は、他のところは比較的難易度が下がるから、まずは確実に他から埋めていこう」

このように、他の受験生が「なんだこの確率の問題⁉ 見たことない！」とテンパっている中で、冷静に対処できるはずです。[2]

「傾向」「対策」とよく言いますが、ここまで傾向を分析してここまで対策するからこそ初めて役に立つのです。

[2] 僕が東大を受験したときは、現役の年は数学がめちゃくちゃ難しくて、浪人の年はめちゃくちゃ簡単だったのですが、この「他力本願勉強法」のおかげでFBIのように冷静に対処できました。

☑ 他の受験生の点数を把握する

また日頃の勉強でも、本番の雰囲気を感じ取る意識をあなたがしているなら、当日ほかの受験生全体のことまで俯瞰で見えてくるはずです。[3]「この確率の問題は難しいから、みんな飛ばして先にやるだろう。得点率が低いはずだから、自分もここは時間をかけずに基本だけ解ければいい」といった戦略が、立てられるようになります。

受験は競争です。周りよりも点数が高ければ合格します。問題によって、合格点は毎年上下しますから、「このくらいの問題だったら、みんなある程度点数を取れるはずだ。だから難しい、みんなが落とすところで取らないといけない」など、細かいことまで意識することで、[4]ただ漫然と問題を解いているだけの他の受験生より、確実に一歩リードできるでしょう。

③ 本当に俯瞰で見ると受験生の頭がたくさん視界に入ってくると思うので、比喩的な意味での「俯瞰」にとどめてください。

④ スポーツの試合運びのように。

☑ 過去問のパターンを読み解く

そして、過去問をやりこんでいくと、最後には試験のパターンがなんとなく把握できるようになります。

「ああ、この積分法難しくて、他が簡単なパターンか、前に似たような過去問を解いたことがあるな」

正確に「この年に似ている」ということまで思い出すのは難しいですが、「前にやったことがある」という感覚があるだけで解きやすくなります。それを解いた過去問の分だけ積み重ねておけば、あなたの受験の年だけ、どのパターンにも当てはまらない、まったく新しい試験になる確率は少ないので、「どんな問題が出題されるか、試験開始までまったくわからない」という不安はなくなります。

万が一、今までにない新しい試験となってしまった場合でも、「この傾向の問題は今までにまったくないから、他の受験生も取れないだろう」と推測できます。また、必ず過去の問題の一部は新形式の試験でも踏襲されているので、過去に出た問題の応用のはずだと落ち着けるはずです。

普段からただ漠然と過去問をやり込む、漠然と問題を解くのではなくて、その出題のパターンを自分の中で蓄積していくことがもっとも大事です。

まとめ

■過去問を俯瞰で解くように心がければ、本番で焦らない
■本番では「テストのパターン」を意識する

本番のミスは「システム」で無くせる

☑ 本番のミスは命取り

いくらパターンを把握し、受験生全体を俯瞰で見て、戦略を立てられても、本番で単純なミスをしては一巻の終わりです。[5]

例えば「このくらいの問題だったら、みんなある程度点数を取れるはずだ。だから難しい、みんなが落とすところで取らないといけない」と判断した場合は、当然、みんなが答えられるところはノーミスで解ききることが前提となってきます。

5 そして、ミスが命取りであるにもかかわらず、多くの人は気合でミスを減らそうとします。これも考え方が逆です。

☑ ミスをしないシステムづくり

試験でミスを防ぐコツは、これまで蓄積した知識を、自分の体を通して正確に答案用紙に書き起こす、というイメージを持つことです。解答を正確に書くロボット[6]になってください。

とはいえそんなイメージだけでは、実際に正確に解答するのは難しいと思います。具体的に言えば、ミスをしないためには、ミスをしないシステムを作っておけばよい、ということです。

本番と同じような環境の中で、常にどのタイミングで、チェックをするか、ルーティーンとして決めておきましょう。前もって準備しておくことで、本番で無駄な思考も減らせます。

例えば、数学だと、「$f(x)$＝云々」という式を変形して新しい等式ができ

[6] ロボットといっても色々ありますが、ロボットアームでいいです。

たとき、xに0と無限大を代入してチェックする習慣をつける、といったものです。
「ここではxに0を代入しても成り立っていたのに、その直後のここでは成り立っていない。だからここでミスしている」と気づけます。
あるいは物理の場合だと、記号が出てきた時点で、何を意味する記号だったのか一度確認するターンを作る。

このように、チェックするポイントをあらかじめ決めておけば、あとはそのシステムに従うだけです。慣れてしまえば、考えなくても自動的にそのシステム通りチェックするようになるので、非常に楽です。

解きながらその都度チェックするのが負担になる人は、一度すべて解いてから、最後にまとめて確認する方法でもいいと思います。共通テストなのか、二次試験なのか、科目ごとでもやり方は違ってきます。だからとにかく過去問や模試の数をこなし、自分に合ったやり方、システムを構築していってください。アウトプットの訓練はここまでして初めてアウトプットの訓練になります。[7]

☑ 確認の時間をあらかじめ設ける

東大英語の場合は、リスニングの30分間が始まる前に必ず15分のあき時間を作っておくことにしていました。[8][9] これはチェックというより、時間配分の話になりますが、リスニングが始まる前に、問題文を読んでおく、選択肢を見ておく、という時間をとるようにしました。これが東大ではなく共通テストであっても、前の問題の音声が終わってから余裕があれば、その間に次の問題をできる限り読んでおきましょう。

リスニング以外の試験でも、テストの時間配分のなかに、必ずチェックする時間をシステマティックに入れ込んでおくことが重要なのです。

7 僕は逐一チェックするようにしていました。最後にまとめてだと、どうしてもチェックポイントが少なくなるので、ちょっとリスキーな気もします。

8 これは東大受験では割と定番のセオリーでした。

9 リスニングの問題文を先に読むこと自体は、実際は5分で終わるのですが、15分とっておけば、万が一複雑な問題文があっても理解できますし、すぐわかったのであれば、残りの10分でそれまでやっていたものを見返せます。

とはいえ、チェックするタイミングを決めて試験に臨んだとしても、すぐにうまくいくわけではありません。そのため、普段から試行錯誤を繰り返して、本番で混乱せずに使えるシステムになるまで調節しましょう。

あなたはすでに「フィードバックノート」で、自分のミスの傾向も知っているはずです。チェックのタイミングの調節に、ミスの傾向を使っていきましょう。とにかく、本番に近いかたちで過去問を何度も解いて[10]、ミスをしないためのシステムをそれぞれに構築していってください。

☑ 知識を正確に再現する

過去問を何度も解き、ミスチェックシステムも構築したら、これまでデータベースに入れてきた知識を「正確に再現する」ことだけに集中してください。普段から今までやってきたことをただ再現する、という、いたって単純

[10] 質を高めるためにここでは量が正義になってきます。

なミッションをクリアするだけと思えば、本番でもそれほど緊張しなくなります。[11]

ここまでできるようになれば、この試験で自分が何点とることができるのか、期待値を大まかに把握できるようになります。できるかできないかは、すでにもうわかっているんですから、**何も不安に思うことはありません。**

それにここまでで、もうあなたはミスをしなくなっているはずですから、試験当日「思ったより数学で上に振れた」と思ったら、これから受ける理科と英語の自分の期待値を考えあわせれば、どれくらいのパフォーマンスが必要かわかります。

ここまでできれば、無駄な緊張に心を持っていかれることなく、冷静に試験問題が解けるようになります。

(11) 何度も書きますが、本番の前にいろいろなパターンを想定しておけば、余計なことを考える必要がないです。

まとめ

■本番のミスを防ぐシステムを前もって作っておく

■チェックの時間を試験時間内にあらかじめ想定しておく

本番直前は過去問を解かない

☑ フィードバックノートを活用する

それでも本番直前は緊張する、[12]という方のために、僕の東大二次試験直前の過ごし方を紹介します。

ここまで、**過去問を解いてフィードバックノートを作ることを繰り返してきました**が、2日前からは、過去問は一切解きませんでした。その代わりに、それまで作ってきたフィードバックノートを見返しました。

12 緊張というものをしたことのない、神経がどこかおかしい僕でも、本番前日はそれなりに寝不足になりました。

「こういう感じの問題にはこういうアプローチで考えてみる」とか、「こういうパターンはすでにノートの中にあるな」とか、データベースを見直して、感覚をチューニングしていくイメージで、確実に解答できるように調整しました。

例えば数学だと、試験本番では今までに見たことない問題が新しく出てきてそれに立ち向かって解く、みたいなイメージを持つかもしれません。しかし、前にも書きましたが、どの問題も今まで積み重ねてきた技術の組み合わせで解いているだけです。なんとなく当日の思いつきやひらめきで解いていくのではなく、**これまでインプットした知識を正確に引き出して答案用紙に書き起こしていくのが当日試験でやるべきことです。**

そのために、このフィードバックノートをしっかりと見直すことが大事です。そこには問題を解くためにあなたが習得した技が詰まっています。この技を組み合わせることで問題を解くのだから、直前はこの技の振り返りをしてください。僕の場合は、2日前からでしたが、人によっては1週間前からこのノートの振り返りだけに集中してもいいかもしれません。[13]

直前に新しい知識を入れているようでは間に合いません。すでに体系を作り上げているのに、直前で知識を詰め込むのは難しいです。たとえ詰め込めても、頭の中で直前に詰め込んだ知識の印象が強すぎて、本番で問題に出なかったときに逆に邪魔です。だからこそ、このように直前でフィードバックノートチェックに集中するようにしていました。

まとめ

■本番直前はフィードバックノートで振り返りをする

13 ただ、これはあくまで理想で、僕も苦手だった化学については、前日も参考書を解いて問題演習をしていました。すべてがプラン通りにいかないことも意識しましょう。

試験会場にはいろいろな人がいる

試験本番のルーティーン

試験当日のシステム、ルーティーンといえば、本番前にゲン担ぎや決まった行動をとる人がいます。僕自身には、ゲン担ぎとかおまじないみたいなものはないですが、周りにはそういうのがある人も結構いました。ここでは、本番の試験会場で見かけた人々を紹介します。

（あまり意味はないですがぜひ読んでください）

☑ 周囲をざわつかせる人々

高校の1個下の後輩に、双子で2人とも東大理Ⅲを受験した人がいました。

彼らは、東大入試の本番に**まったく同じ文房具を持ってきて、毎回テスト前も、同じ量のシャーペンの芯と同じシャーペンを置いて、同じ位置に時計も置いていました。**

僕の2回目の東大受験のとき、彼らの隣の席で受験しましたが、置くタイミングまで一緒なので、若干周りの席の人がざわついていました。勉強だけでなく、試験を受ける準備すら完璧にしようとしていたのかもしれません。

ざわつかせていたといえば、灘高校の友達で、**センター試験の途中の10分休みに、おもむろにおでこに冷却シートを貼った**人もいました。別に頭を使いすぎて脳がオーバーヒートしたから、というわけでもなく「え？　あいつ風邪ひいてるの？」と思わせてただ周りを不安にさせ、自分の合格に少しでも有利な状況にしようという目的だったようです。

同じように、周りを混乱させるために**英語の発音をひとりぶつぶつと繰り返した**人もいました。センター試験の英語の直前だったので、毎年出題される「発音・アクセントの問題」のために復習しているのかと思いきや、**わざとデタラメの発音で言うことで、周りの人を間違えさせよう、ということだったみたいです。**

もう自分は完璧だから、あとは周りの足をひっぱっておくか、みたいなことでしょうか。なんて人間でしょう。そういう人も試験会場にはいますから、当日はあまり周りの雑音を聞かないようにした方がいいかもしれません。

☑ベテランちの試験本番

では、僕自身の試験前のルーティンはといえば、大したものではありません。手を組んで、人差し指をずっと回すようにしていました。手先を動かすと脳の動きが活性化されるみたいなことを言われがちなので、脳トレの一種でしょうか。

効き目があるかと言われればなかったような気がしますが、試験前という緊張しそうなときにバカバカしいことをするのが面白くて、かえって心の余裕につながりました。直前まで単語帳を見ているよりも、こっちの方がいいかもしれません。

脳のためといえば、理Ⅲに首席で受かった高校の後輩は、模試のときからいつもブドウ糖を持ち込んで休憩時間に補給していました。脳に糖を回して動かすということですね。そこまでいくと**一種のスポーツ感覚**なのだと思います。

ちなみに2回目の東大受験2日目、僕は前日寝不足で、お腹も痛くて最悪のコンディションでしたが、それでも**自己ベストの成績で合格しました**。演習をたくさん積んで、合格するためのシステムを構築してきたからだと思います。自分の打率もわかっていたし、緊張も不安もありませんでした。あとは手を動かすだけというところまで持っていけていたから、最悪の状態でも受かったのだと思います。

ここまで書いておきながら、最後の試験本番の内容が完全な蛇足のように思えるかもしれません。ただ、これには意味があります。**要は、本番当日に何をする、とかではないのです**。そこまでの道で、あなたがどうシステムを作ってきたか、そのシステムという「他力の結晶」にどれくらい頼るかということなのです。なので本番当日は、ただ淡々と、今までやってきたことを解答用紙に正確に書き起こせば大丈夫です。合格は、それだけで手に入ります。

まとめ

■本番会場にはいろいろな人がいる、驚かず試験に集中する

■本番は今までの他力本願の積み重ねを書き起こすだけ

第7章

「番外編」

YouTubeでも他力本願

他力本願は勉強以外にも使える

☑「他力本願」で人生を制す

「はじめに」で僕は、才能や根性がなくても、メソッド次第で志望校に合格できると書きました。そのための技術を、できる限り多くご紹介してきたつもりです。

ここまで読んでくださった皆さんには、もうお気づきの方もいらっしゃるかもしれませんが、1冊を通して語ってきたこの「他力本願勉強法」は、**受**

験以外にも応用できます。

受験勉強を終えたあとでも努力や苦労は続くのかと思うと嫌かもしれませんが、今後も越えなければいけないハードルがいろいろ出てきます。

しかし、不安に思う必要はないです。それらをクリアしていくには、同じように、この「他力本願」な方法で作戦を立て、黙々とそれを実行していくだけでいいです。

つまり、「他力本願勉強法」を修得した者は、受験を制し、そしてその後の人生も制す、ということです。

☑ 人生は面倒なタスクの繰り返し

もちろん、これを紹介している僕が、人生を制した、世間的な勝者になっているわけではありません。それでも、人生は面倒くさいことを繰り返すということはよくわかります。

毎日学校に通うという面倒くさいことがあり、定期試験という面倒くさいことがあり、模試という面倒くさいことがあり、受験という面倒くさいことがあります。それが終わっても、いや終わるとそれ以上に、大学・バイト・人間関係・就職活動と、面倒くさいタスクのループは重層的になっていきます。

だからこそ、面倒くさいことを他人の力を使って楽に終わらせましょう。面倒くさいことを作戦立ててさっさと片付けることで、自由に生きていきましょう。そしてその面倒くさいことを片付けてくれるのが、「他力本願勉強法」です。

ただ、この本を読んでいる方の多くは「どう受験以外に他力本願勉強法を応用していいのかわからない」と考えると思います。ここからは、最終章・応用編として、僕がこのメソッドをどうユーチューバーとして活かしたか、ご説明していきます。

まとめ

■「他力本願」は勉強以外にも使える
■面倒なタスクは「他力本願」で消化する

環境づくり：「迷惑のかかる人」をつくる

☑ ユーチューバーにもタスクがある

2020年から[1]僕は本格的にYouTubeで活動しはじめました。

一番はじめは編集の技術もなく、何分かばーっと喋って、それをそのまま垂れ流すだけ。

けれどそんな動画でも、見てくれる人がいて、少しずつチャンネル登録者数、再生回数も伸びていきました。そこから楽しくなって、編集などの技術も身につき、本来怠惰な僕でも頻繁に動画を撮影・アップしていました。

[1] 正確には2020年の4月。コロナ禍で暇になったので初めて動画の編集を覚えました。

ユーチューバーとして登録者数を増やすには、やはりコンスタントに良質な動画を上げ続けることがまず大事になってきます。たまたま1本の動画が多くの人に見てもらえたとしても、次に見てもらえる動画がなければ、それはその動画がバズっただけでユーチューバーとはいえないからです。

怠惰な僕は、この「コンスタントな作業」に向いていません。

最初こそ楽しくたくさんの動画をアップしていましたが、案の定だんだん面倒くさくなっていきました。[2] 更新頻度が低くなると、ちょっとおもしろがって見てくれていた視聴者や、チャンネル登録せずにトップ画面のおすすめに出てきたから見ていただけの視聴者はすぐに僕の動画を見なくなります。

これは大変まずいです。

2 YouTubeの編集作業は、慣れてくると小学校の放課後の掃除くらい面倒に感じます。

☑「迷惑がかかる人」をつくる

ここで、コンスタントな作業をきちんと行っていくためにやったこと、それは、「環境づくり」です。

第1章で、受験勉強を制するために、まず環境を整えようと書きました。東大に行きたいなら同じように東大を目指す人と友達になり、嫌でも勉強する環境に身を置くことが大切です。

これをYouTubeに当てはめるなら、同じようにYouTubeをやっている人たちと仲良くなり、嫌でも動画をアップする環境に身を置くということになります。しかし、誰もがすぐに他のユーチューバーとかかわりが持てるわけではありません。

そこで僕の場合は、**自分が動画を企画・撮影しないと「迷惑がかかってし**

まう人」を作ることにしました。

現在、僕個人としては、メインの動画を上げるチャンネル「ベテランち」と、配信などを行うサブチャンネル「ベテランちサブ」、そして、配信動画などの素材を抜粋・編集して短い動画にしてアップしている、切り抜きチャンネル「ベテランち切り抜きch」、の3つを持っています。

個人以外では、灘の卒業生のグループで「雷獣チャンネル」「雷獣サブ」も運営しています。

まずメインの「ベテランち」チャンネルに関しては、編集作業や切り抜き動画の作業をしてくれている人に、1ヵ月のうち1週間、僕の家に泊まり込みで来てもらうと決めています。[3]

この1週間、その人は僕の家でずっとメインチャンネルの動画編集をしてくれます。であれば、**それまでに切り抜く素材を撮影してつくっておかない**

3 ワンルームなのですが、空いているスペースに布団を敷いて寝てもらっています。

といけない。時間を割いて来てくれた上に、こちらもお金を支払っているのに「ごめん、なんも撮ってない」というわけにはいきません。

また、その人が作業をしてくれているのに、僕が横でその人の作業をただただ見ているわけにもいかないので、その間は僕もずっとYouTubeのための作業をしています。これで嫌でもこの1週間はYouTube漬けとなります。

「雷獣チャンネル」に関しても、多くの場合は毎週土曜日の夜に撮影をします。つまり、毎週一度は雷獣のために時間を割くことになります。

しかし、撮影の当日までには企画を立てておく、などとルーティーン化されているため「今日こそは企画を立てるぞ！」といちいち重い腰を上げて頑張る必要がありません。自動的にやらないといけない状態になっているので、意外に楽です。

それに自分ひとりだったら絶対に土曜日の夜に撮影なんてしないですが、[4]他のメンバーが平日は仕事をしていたり、大学生活を頑張っていたりするの

4 やすみたいので。

で、この日しかありません。これで土曜日の夜に部屋で動画を見ながら寝てしまい更新を怠る、という危険はなくなりました。

自分ひとりだといくらでもサボることはできますが、自分がサボれば迷惑がかかる人がいると、いくら怠惰な僕でもなんとかしようとします。それがYouTubeにおける環境づくりです。

タスクをシステム化して無理をしない

いったん環境ができてしまえば、あとは無理をせずにルーティーンをこなすだけです。もちろん当日は頑張りますが、何曜日に企画・会議・撮影、と決まったルーティーンになっていれば、もう自動的に人はやってしまうものです。

それに、もともと好きでやっていることなので、習慣化さえしてしまえば、別に嫌だとかは思いません。人はなんでも「ああ、やらなきゃなぁ」とグダグダしている時間が一番長くつらいものですから。だからさっさとシステムにしましょう。

それに、そこまで自分を追い込まず、ストレスのない範囲でいいんです。もちろん命懸けの表現というものは素晴らしいものですが、僕は細くても長くライフワークとしてYouTubeを続けたいと思っています。「無理せず続けられるルーティーンになっているか」は、どの人も日々のタスクをシステム化してこなすなら必要な視点です。

最初にひとりでわけもわからずYouTubeを始めたときは、わずか数分の動画でした。技術がなくてもこれならストレスにならないし、なにより最初は単純に視聴者数・登録者数の数字が増えていくことが楽しかった。そしてそれ以降は、こうやって仲間の手を借りて、他力本願で撮影・編集をしていっているのです。

少しずつ「面白そう」と思う方向に無理せず自然に近づいていくための、システムです。それが他力本願勉強法、ならぬ他力本願YouTube法だと思っています。

まとめ

■「迷惑がかかる人」を作ってプレッシャーをかける
■面倒なタスクはシステム化する

ゴール設定：YouTube界で どの位置を占めるのか考える

☑ 自分のチャンネルの方針の固め方

受験では、環境を整えると同時にすぐに志望校を決めることが大事でした。YouTubeでもそれは大事です。「このジャンルでチャンネル登録者数〇〇万人までいく」と目標を決めたら、それをすでにクリアしているチャンネルを分析して、自分のチャンネルの運営に応用していく。このプロセスを繰り返していくことが、YouTubeチャンネルの運営には欠かせません。

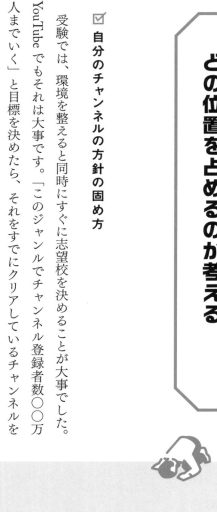

そのためにはまず、目標を設定することが必要です。ここではよくあるやり方を紹介します。

最初に、自分は今まで何をしてきて、どういうスキルがあって、どういうことがYouTubeで発信できそうかを考えます。僕であれば「灘高校卒」「東大理Ⅲ」「2留」などがあります。

ここで大切なのは他人の目から見ても知りたいと思える情報を与えられるかです。[5]僕はサッカー部に入っていたことがありますが、別に全国のサッカー部員たちが知りたいと思える情報を持っているわけではありません。もしそれでもサッカーで動画を上げていきたいなら、サッカー部あるあるネタ動画など、少しひねりを加えていく必要があります。

そしてもうひとつ大切なのが、「自分が無理せずにできるか」ということです。長く続けていくには、「つらくない」というのがどうしても重要な要

5 この「他人の目」を想像するのは非常に難しく、僕の力量不足でこの本では解説しきれませんでした。

素になってきます。単純に大学受験ネタの動画を上げ続けていくのがしんどいならやめるべきです。

この「何ができるか」「需要があるか」「無理なく続けられるか」の3つの輪の中に収まっているものが、自分が向いているジャンルです。もしそのジャンルで成功している人がいればその人の動画を分析し、いなければ近しいジャンルで成功している人を分析する、といった作業になります。

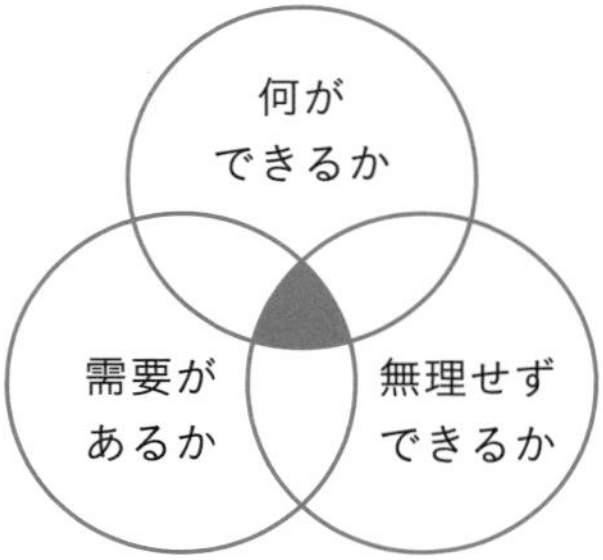

最終目標を見失わない

ここまで少し足早に紹介してきたのは、これは別に僕が思いついた話ではなくて、ネットで検索すれば簡単に出てくるものだからです。**僕は、実際はそこまで追い込んで分析をやっていません。**[6]

僕の最終的な目標は、登録者数ではなくて、「一生、自分にとって面白いことを、吸収して、発信していく」ということです。実は僕は短歌[7]もやっていて、本名の青松輝（あおまつあきら）という名前で、雑誌に寄稿したり、イベントに出たりしています。「なんか面白いこと」をインプットしてアウトプットしていければ、形はどうでもいいです。

確かにユーチューバー界隈では、登録者数が偏差値のように扱われています。でも、僕は別に、これを本業にするつもりもそれほどありません。むしろ、**自分にとって面白いものを動画にして、そこそこの人数に長く飽きられ**

⑥ YouTubeを始めたときから直観でそれができていた、と表現する方が正確かもしれません。

⑦ 5・7・5・7・7を定型とする詩。

ずに見られることが目標です。僕のようなゴールの設定をしているなら、「〇〇万人に見てもらう」が最終目標になってしまうと、では何をして見てもらうのか、という根幹の部分、軸がブレます。自分の最終目標をまず考えて、そのあとに数字のゴールを設定するようにしましょう。

まとめ

■「できること」「需要」「続けられること」でチャンネルの方針を決める
■最終目標によっては、マイペースさも大切

ロードマップ作成：デキるユーチューバーたちの足跡を見る

☑ 他のユーチューバーの分析

先ほどのような、徹底して分析してYouTubeを運営するやり方をとるなら、ロードマップの作成もかなり厳密になってきます。

先輩たちの登録者数推移をみてロードマップを組み立て、まずこの時期までに登録者数〇〇人というベンチマークをつくり、そこに至るまでにどのような企画を立てるべきかを考える。まだチャンネルが成長しきっていないうちは、他のユーチューバーたちはどのような企画を立てて名が知られるようになったのか。この時期だからこそ上げるべき動画を考え、作り、アップします。

例えば、「このユーチューバーについて知りたい」と思ったら、その人の動画を一日中流したり、集中して見たりしています。

第4章で「先生の知識体系を吸収する」ということを書きました。この作業は、それに近いです。気になったユーチューバーの動画をひたすら見続けることで、この人はどういう「肌感覚」で動画を作っているのかを探り、自分の参考にします。

チャンネル運営が軌道に乗り始めたら、登録者数の増え方を安定させるための企画を打ち、動画を作り、アップしつつ、動画とは別のやり方（グッズやイベントなど）で多角化します。

関わりのあるユーチューバーは参考に

個人でも、やはり友人のユーチューバーの話は参考にしています。勉強では、デキる人を見つけて、その人がどうやって問題を解いているのかじっくり観察するのがいい、と書きました。これと同じで、デキるユーチューバーたちがどうやって動画に向き合っているのか知ることはとても大事です。

そのために、すでに出来上がった動画を見るのもいいですが、その人がどういう思考でその動画を撮って、その動画をアップするに至ったのか、そのプロセスを知ると動画が作りやすいです。

この思考のプロセスを知るためには、どうしても本人から話を聞く必要があります。

これは難しいことのように思われるかもしれません。しかし、ある程度の登録者数、再生回数が獲得できるようになると、自然と同じジャンルのユーチューバーたちと交流が出てきて、リアルに出会えるようになります。僕は自分からはあまり声をかけないですが、ありがたいことに声をかけてもらえることも増えました。そうして出会ったユーチューバーと話していると、自分では思いもよらない視点から考えていることを知ることもあります。

ある大学生ユーチューバー[8]が言っていました。

面白いと思われたら、ユーチューバーは終わり。

最初に聞いたときは、僕も驚いたのですが、「特に面白いわけではないけど見てしまう」くらいでないと、つまりハードルが最初から高いと、続かないということのようです。YouTubeは「集中して見る」ということが少ないです。何かしながらなど、なんとなく見る、という人が多いです。

ならば凝りに凝った面白さではなく、「なんかわからんけど、落ち着く」

[8] 登録者数は僕よりちょっと多いくらいです。

とか、そのくらいがよいです。実は、全員が全員、面白いものを見たがっているわけではない、ということを知って動画を作っているのとそうでないのでは、全然強さが違います。

他にもテクニカルなことも含めて、デキるユーチューバーと話していると学べることがたくさんあります。塾に行くような感覚で、ユーチューバーと出会うことは僕にとって大事です。

☑ YouTube漬け

僕は普段、空き時間はずっとYouTubeを見ています。家にいる間は基本ずっと流しているし、移動中も見ています。「いつ学校の課題やってるん?」とよく聞かれますが、あまりできていません。

基本的にYouTubeが好きなので、気になったらどんどん見てしまうだけです。好きな声優が声を担当しているアニメを全部見たい、というのと同じことをしているのです。

ですが、それができるということは、自分がYouTubeに向いている、ということだと思っています。

まとめ

■ユーチューバーは気になった人の動画の「肌感覚」をとらえる

■苦にならないものだから続けていける

振り返り：自分の過去動画を分析する

☑ これまでの蓄積の延長にあるものしか作れない

受験では、自分がこれまで解いた過去問の解答をすべて取っておいて、どんなミスをしたのか、フィードバックノートをつけていました。

さすがにYouTubeでフィードバックノートは作っていないですが、過去の自分の投稿動画はできるだけ見返す時間を作っています。これは、正直つらいです。動画のためにがんばって喋っている自分を自分で見るのは、かなり気恥ずかしいですから。

しかし、自分の悪いところ、いいところを、客観的に見られるようになります。それにものをつくる人なら、絶対自分が過去につくったものをちゃんと見ておいた方がいいです。自分がつくってきたもの、つくれるものを知っておかないと、**見当違いな理想を抱いてしまうかもしれません。**

志望校を決めるときと一緒です。これまで文系の勉強を一生懸命してきて、いきなり高3で医学部志望に、となるとちょっとかけ離れすぎてしまっています。かなりしっかりした戦略が必要になります。

それと同じです。僕が「スマートなお金の貯め方を紹介するチャンネル」に憧れて、いきなり「つみたてNISAは……」と語りだしても、誰も面白くないです。それは元証券マンなど実績のある方が紹介しているから見たいのであって、1浪2留がおすすめの高配当株[9]とか語っても誰も見ないで

[9] ちなみに僕は、Googleの株がおすすめだと思います。買ったことはないですが。

しょう。

人は、あくまで「これまで作ってきたものの平均値を、少しアップデートしたもの」しか作れません。勉強にせよ作品にせよ、自分が過去につくったものや、やってきたことを否定する人はたくさんいます。**しかし、何かを向上させたいのであれば、過去の自分を振り返ることはとても重要です。**

過去の自分のダメな部分を直視する精神的強さは必要になってきますが、効率的に他力本願ルーティーンを回していくなら、どのみちその強さは必須です。[10]

模試でも、自分がこれくらいしか点を取れていないという事実を受け入れることが大事でした。YouTubeや作品になると、模試のミスよりもはるかに恥ずかしいから難しくなるかもしれませんが、**それでもやらないといけません。**どんな勉強、仕事、表現をするにも過去の自分のつくったものを見直すことは大事だと本当に思います。

[10] この強さをどうやって身につけるかというと、それは根性です。

再生回数を気にしすぎない

実際に、YouTubeで振り返りを行うには「再生回数」「高評価」「コメント」などが重要になります。それを見て「この動画のこの部分には目標達成にむけてこんなメリットがあった」「この動画のこの部分には目標達成にこんなデメリットがあった」などを分析したり、他の動画と比較したりするのが重要です。

問題を解く際に「正誤で一喜一憂しないこと」と書きましたが、YouTubeでも「再生回数で一喜一憂しないこと」と言い換えることができます。1回の投稿で一喜一憂しているとメンタルがもたない[11]ので、一生やり続けると決めたなら、数字は参考程度にしておきましょう。それに、再生回数だけを見ると少なかったとしても、チャンネル全体のブランディングにはおおいに貢献した、次の動画の橋渡し役になった、ということもあります。

[11] ユーチューバーは本当にメンタルを一定に保つのが難しいなと感じます。東大理IIIに受かった強靭なメンタルを持つ僕が言うので間違いありません。

振り返りを行う際は、受験と同じように、長いスパンで見てトータルでどう評価できるかを重視してください。

まとめ

- 自分の動画やチャンネルを客観視することが大切
- 動画の評価は長い目で見て効果があるかで考える

東大生ユーチューバーの一日

特殊な仕事の普通の一日

さて最後に、僕のとある一日のスケジュールを紹介したいと思います。「他力本願勉強法」を応用した生活を送ると、具体的にどんな感じになるか、イメージがつきやすくなると思います。また、シンプルに、東大生ユーチューバーってふだん何をしているのか、どんな生活をしているのか、それほど知られていないと思うので、書いてみます。

● 午前12時　起床。[12] 近所の焼肉屋のランチタイムへ駆け込む。
● 午後1時　ランチを食べながら雷獣サブのラジオを聞き返す。
● 午後2時　本屋へ行く。音楽雑誌を買う。
● 午後3時　帰宅。YouTube を流す。
● 午後4時　「ベテランち」チャンネルの撮影。
● 午後5時　YouTube の動画の続きを見ながら風呂。
● 午後6時　KADOKAWAでこの本の打ち合わせと原稿の確認。
● 午後11時　「雷獣チャンネル」の打ち合わせ。週末のトークイベントの内容を決める。
● 午前1時　終電で帰宅。就寝。

(12) 地味に、大学は自主休講しています。

これはあくまで「とある一日」のスケジュールなので、日によってだいぶ違います。普段は音楽雑誌[13]を買わないし、KADOKAWAに行くのもこの本を書いている時期だけです。

ただ、基本的にYouTubeをずっと見ているということはわかると思います。もう完全にYouTubeが僕の生活に浸透しているんです。でも「自分はこんなにずっとYouTubeを分析しているからすごい」「好きこそものの上手なれ」と鼻にかけたいわけではないです。

これはあくまで結果です。第2章の志望校の見つけ方で「やりたくないことから考える」というものがありました。これと同じで「生活に浸透しても苦にはならないもの」だから続けられます。それが僕の場合はたまたまYouTubeだっただけです。「ずっと仕事のことを考えていて偉い」という思考は今すぐに捨てて「ずっと考えていても苦しくない」ものに取り組むようにしてください。

「勉強っていつしているんですか」と思った人もいるかもしれませんが、恥

[13] 高校生のときは「rockin'on」とか、よく買っていましたけどね。

ずかしながらあまりできていません。だから2留しているんでしょうね。[14]

まとめ

■生活に浸透しているから続けていける

14 自分でわかっていても上手くできないことが人間にはあります。

おわりに　コスパよく、コスパを気にしない人生を

ここまで読んでいただき、ありがとうございました。

この本のやり方をひとつひとつ実践していけば、必ず志望校に合格できると思います。また、最後の章でも書きましたが、受験勉強だけでなく、仕事や部活にも、このやり方は応用できると思います。

ただ、人生全体でも、他人の人生を参考に目標を設定して、そこから逆算してキャリアプランを立てて、黙々と実行していけばいいと考えていませんか？

違います。考え方が逆です。

「他力本願」を実践するのは、あくまで日々のつまらないタスクをこなすときだけです。つまらないタスクをコスパよくさばいて、余った時間でコスパ

や効率といったこざかしい考えが意味をなさない、別の生き方をするために、「他力本願」はあります。人生を目標達成のための「ただの手段」としてコスパよく使ってはいけません。

人生は、コスパよく使うには、面白すぎます。

「他力本願」を実践して、コスパよく、コスパを気にしない人生を送ってください。

この本も、さまざまな人の「他力」のおかげでコスパよく完成しました。

ご協力いただいたみなさん、本当にありがとうございました。

ベテランち

ベテランち

1998年生まれ。灘中学校・灘高等学校を経て東京大学理科Ⅲ類に合格するも、現在2留中。2020年、リモート授業でできた時間を活用し、YouTubeへの動画投稿を開始。東大生とは思えないほどの怠惰な性格と現実的な物言いを活かした動画づくりで人気を集め、2022年12月現在、チャンネル登録者数は14万人を超える。本書が初の著書になる。

スタッフリスト

撮影	熊坂勉
スタイリング	岩田友裕(BLUE IN GREEN)
ヘアメイク	野島芙実
デザイン	西垂水敦・松山千尋(krran)
DTP	株式会社明昌堂
校正	株式会社鷗来堂
構成協力	安井桃子
編集	土田浩也

やる気《き》ゼロでも灘《なだ》→東大理Ⅲ《とうだいりさん》　他力本願勉強法《たりきほんがんべんきょうほう》

2023年１月26日　初版発行

著者／ベテランち

発行者／山下　直久

発行／株式会社KADOKAWA
〒102-8177　東京都千代田区富士見2-13-3
電話　0570-002-301（ナビダイヤル）

印刷所／株式会社加藤文明社印刷所

●お問い合わせ
https://www.kadokawa.co.jp/（「お問い合わせ」へお進みください）
※内容によっては、お答えできない場合があります。
※サポートは日本国内のみとさせていただきます。
※Japanese text only

定価はカバーに表示してあります。

ISBN 978-4-04-605697-9　C0095